Martino Gamper

HOOK BOOK
almost 1000

AF060283

HOOK BOOK, almost 1000, **Martino Gamper**

Edited by Martino Gamper and Kajsa of Åbäke
Designed by Kajsa of Åbäke
Subedited by Anna Bosley and Gemma Holt
Printed by die Keure, Belgium
Font: Foundation Sans Condensed (A2-TYPE)
& Iaspis (Åbäke)

Published by Dent—De—Leone, first edition, 2024
Dent—De—Leone, 48 Wilton Way, E8 1BG London, UK
**   www.dentdeleone.com**

All artworks by Martino Gamper unless otherwise stated, copyright Martino Gamper. All rights reserved. Apart from fair dealing for the purposes of private study, research, criticism, or reviews as permitted under the Copyright Act, no part of this publication may be reproduced in any form without permission in writing from the publishers.

Copyright © 2024 Martino Gamper
**   www.martinogamper.com**

Every effort has been made to trace copyright holders and to obtain their permission for the use of copyrighted material. The publisher apologises for any errors or omissions and would be grateful if notified of any corrections that should be incorporated in future reprints or editions of this book.

ISBN 978—1—907908—88—0
All dimensions DEPTH x WIDTH x HEIGHT

Photography credits:

Angus Mill
p. 6-22, 58, 81-97, 231, 236, 251, 257-258, 270, 346-347, 400-401, 403, 409, 418-420, 448, 500-501

Alex North
p. 526-531

Matan Fadida
p. 23-57, 59-80, 113-230, 232-235, 237-250, 252-256, 259-269, 271-345, 348-399, 402, 404-408, 410-417, 421-447

Izzy Leung
p. 534-537, 540-543

Hem
p. 502-503

Sam Hartnett
p. 98-112, 449-499, 504-524

Matt Grubb
p. 538-539

ATTACHMENT THEORY
— Holding & Letting Go

a text by Deborah Levy

i am a Martino Gamper hook
        i'm Attachment Theory
i'm holding on and letting go
        i know my place
You know my place
        i'm always there
You can move me
        i'm sometimes naked
i'm love and mischief
        i'm reliable beauty
You can walk away
        i will wait for you

Hook from Glass, 2024
MG2024-3524
120 x 55 x 200 mm
Blown and cut soda glass

Hook from Glass, 2024
MG2024-3525
132 x 50 x 240 mm
Blown and cut soda glass

Hook from Glass, 2024
MG2024-3526
140 x 55 x 225 mm
Blown and cut soda glass

***Hook from Glass*, 2024**
MG2024-3527
125 x 50 x 225 mm
Blown and cut soda glass

***Hook from Glass*, 2024**
MG2024-3528
125 x 50 x 225 mm
Blown and cut soda glass

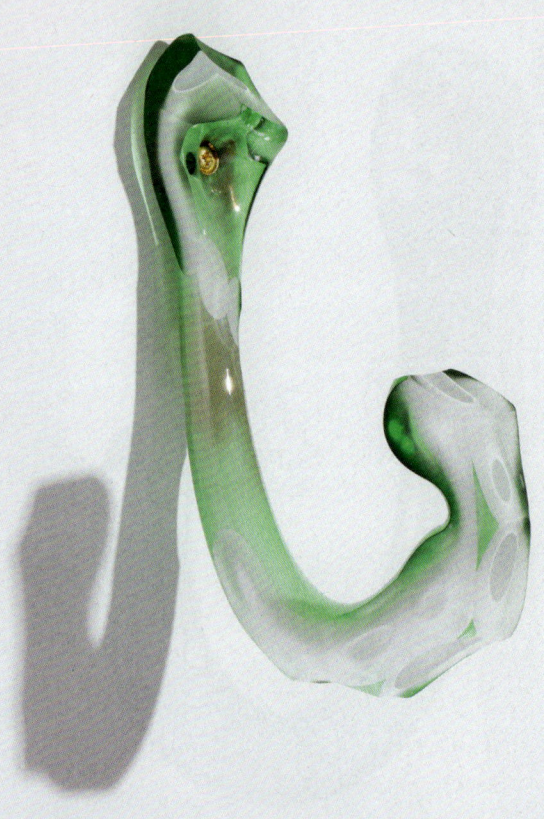

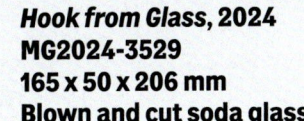

Hook from Glass, 2024
MG2024-3529
165 x 50 x 206 mm
Blown and cut soda glass

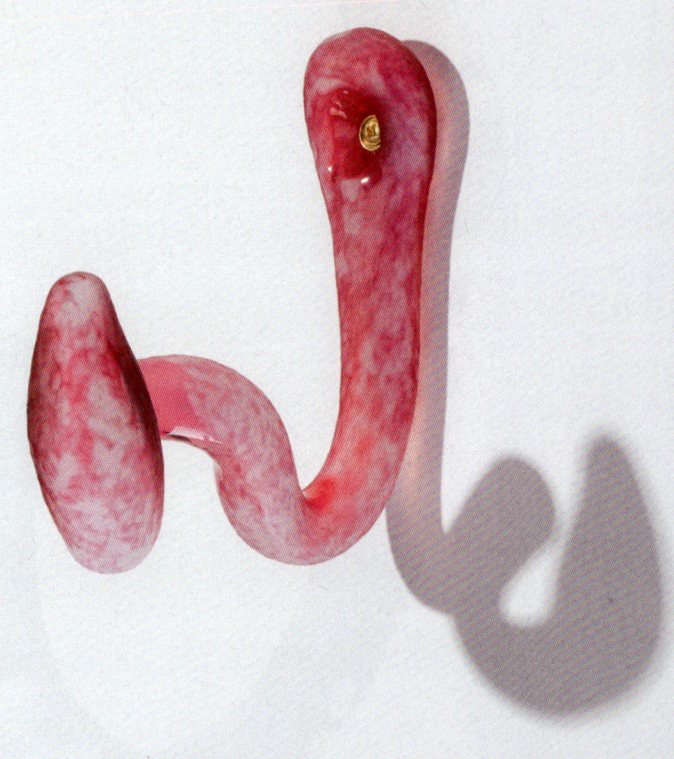

Hook from Glass, 2024
MG2024-3530
145 x 70 x 147 mm
Blown and cut soda glass

Hook from Glass, 2024
MG2024-3531
90 x 40 x 195 mm
Blown and cut soda glass

Hook from Glass, 2024
MG2024-3532
105 x 46 x 195 mm
Blown soda glass

Hook from Glass, 2024
MG2024-3533
105 x 48 x 205 mm
Blown soda glass

Hook from Glass, 2024
MG2024-3534
105 x 37 x 174 mm
Blown and cut soda glass

Hook from Glass, 2024
MG2024-3535
105 x 60 x 255 mm
Blown and cut soda glass

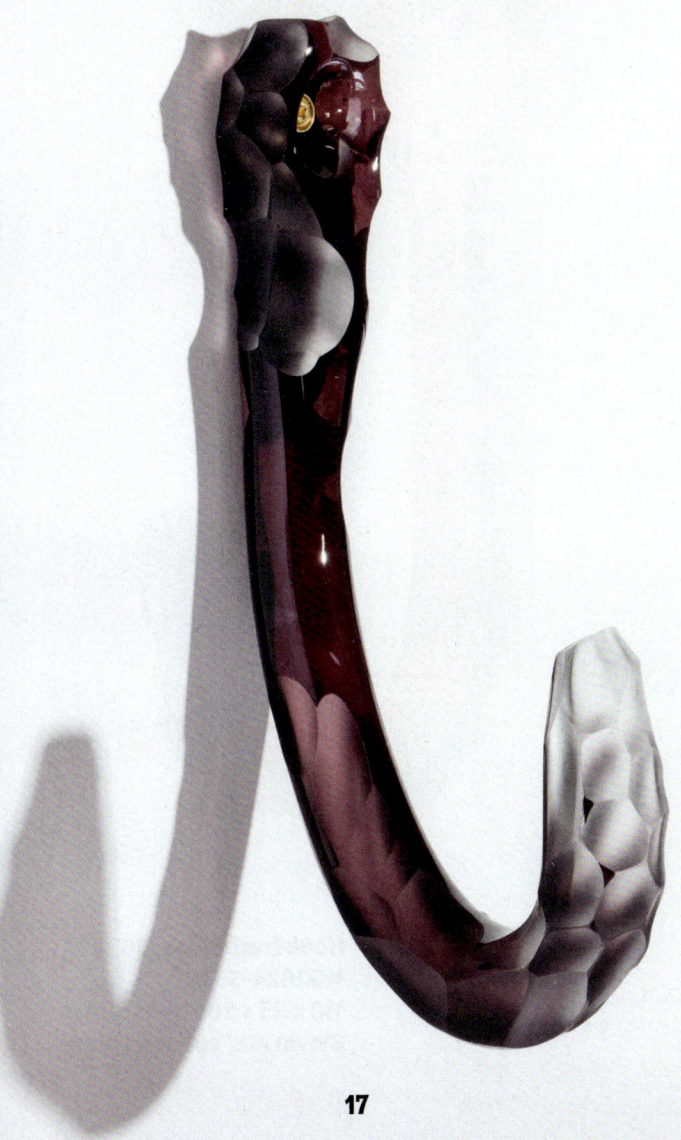

Hook from Glass, 2024
MG2024-3536
110 x 55 x 200 mm
Blown and cut soda glass

Hook from Glass, 2024
MG2024-3537
90 x 57 x 160 mm
Blown and cut soda glass

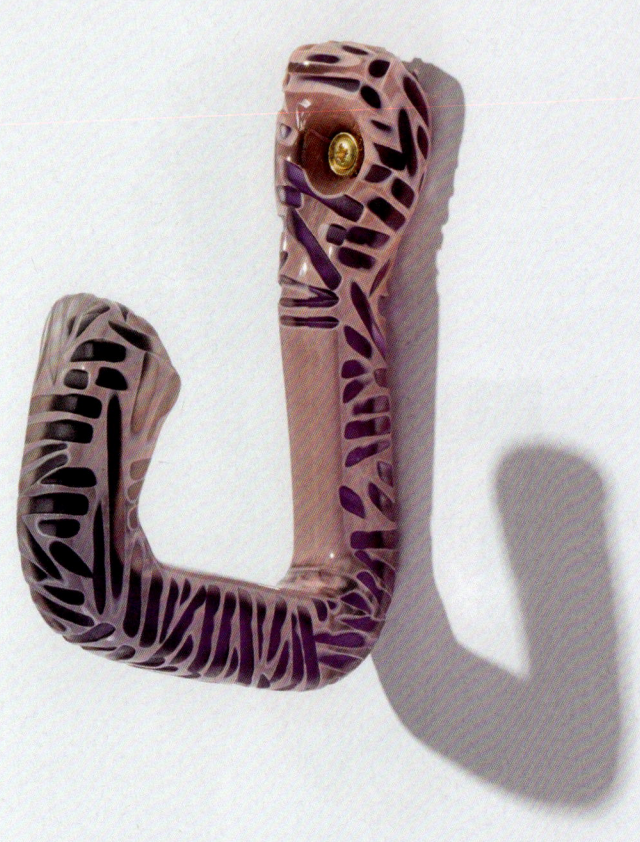

Hook from Glass, 2024
MG2024-3538
115 x 45 x 145 mm
Blown and cut soda glass

***Hook from Glass*, 2024**
MG2024-3539
120 x 45 x 200 mm
Blown and cut soda glass

***Hook from Glass*, 2024**
MG2024-3540
80 x 40 x 150 mm
Blown soda glass

Hook from Glass, 2023
MG2023-3074
120 x 55 x 220 mm
Blown soda glass

Hook from Glass, 2023
MG2023-3075
100 x 130 x 150 mm
Blown soda glass

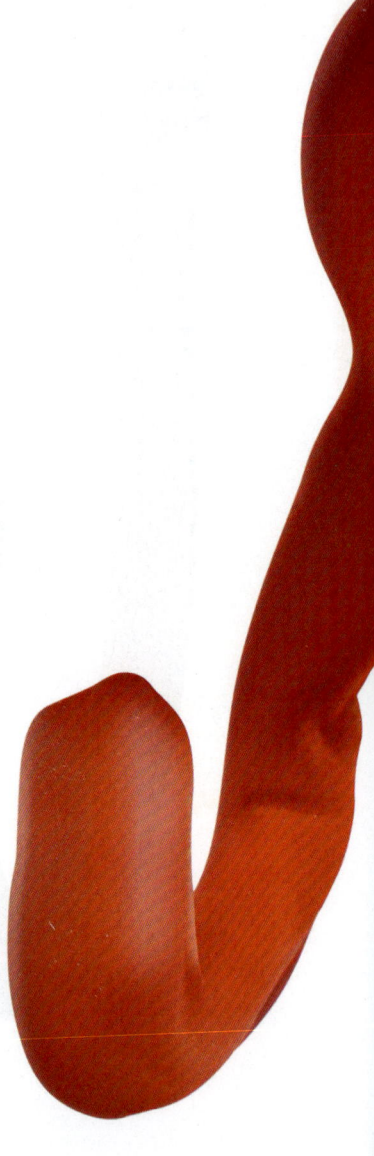

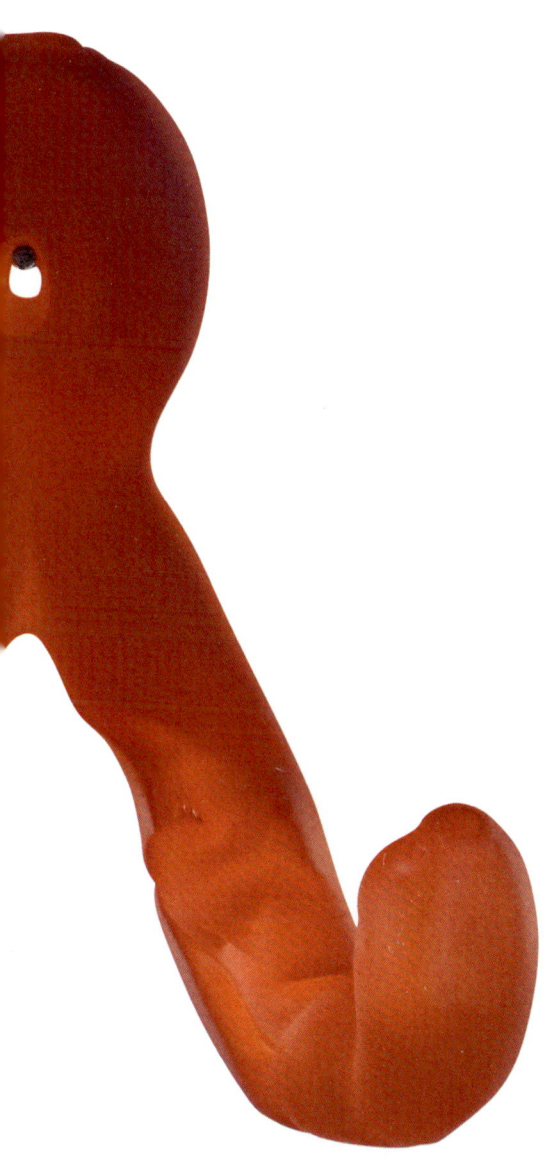

Hook from Glass, 2023
MG2023-3077
90 x 40 x 155 mm
Blown soda glass

Hook from Glass, 2023
MG2023-3095
100 x 65 x 140 mm
Blown soda glass

***Hook from Glass*, 2023**
MG2023-3082
135 x 70 x 205 mm
Blown soda glass

***Hook from Glass*, 2023**
MG2023-3089
100 x 50 x 195 mm
Blown soda glass

***Hook from Glass*, 2023**
MG2023-3091
85 x 35 x 195 mm
Blown soda glass

***Hook from Glass*, 2023**
MG2023-3090
100 x 50 x 170 mm
Blown soda glass

Hook from Glass, 2023
MG2023-3092
90 x 40 x 180 mm
Blown soda glass

Hooked Cork, 2023
MG2023-2764
100 x 60 x 280 mm
Cork

Hooked Cork, 2023
MG2023-3058
200 x 85 x 75 mm
Cork

Hooked Cork, 2023
MG2023-2765
100 x 60 x 280 mm
Cork

Hook from Sand, 2023
MG2023-2829
100 × 65 × 360 mm
Sandcast brass

Hook from Sand, 2023
MG2023-2833
210 × 57 × 580 mm
Sandcast bronze

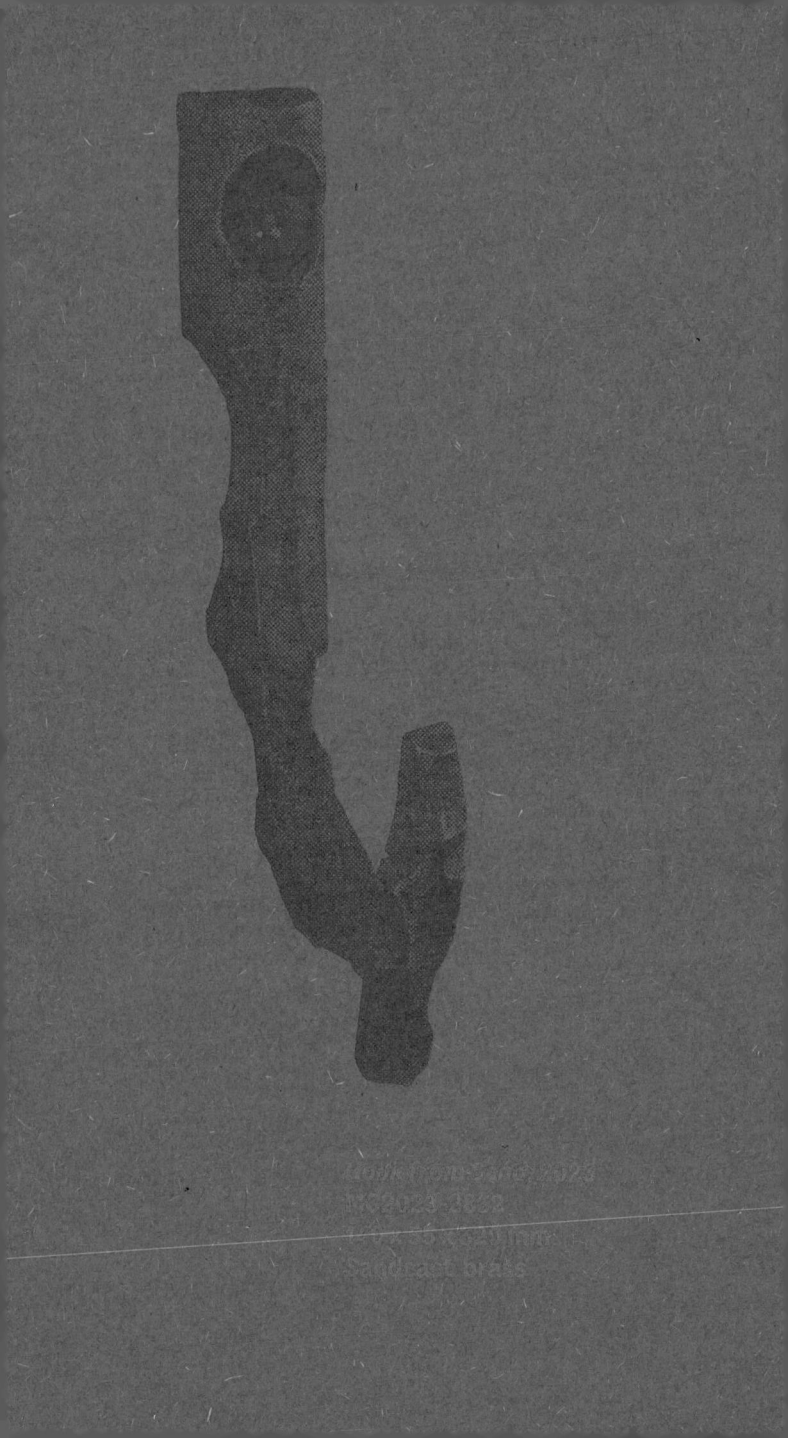

Hook from Sanix 2022
MO2HOBB-2
260×80×380 mm
Sandcast brass

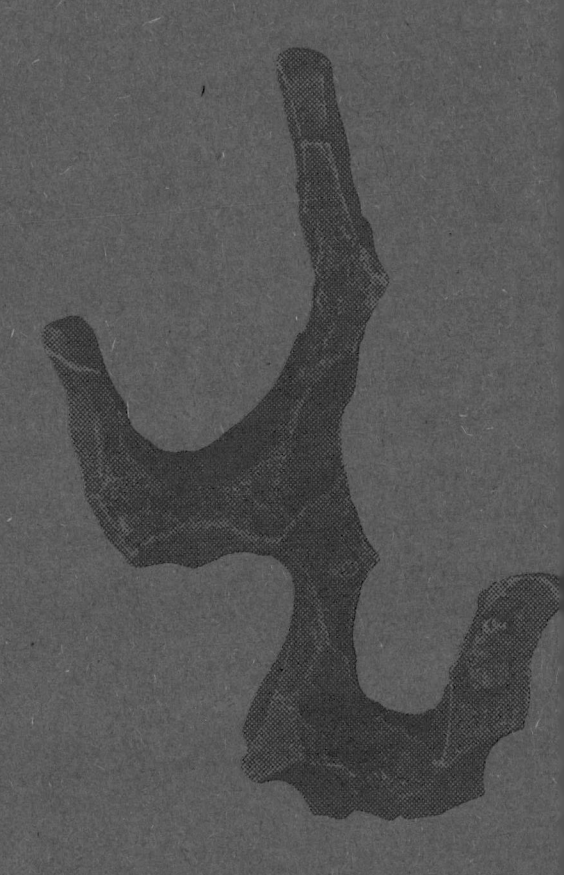

Hook from sand, 2023
MG2023-28-4
180 x 120 x 310 mm
Sandcast, bronze

Hook from Sand, 2023
MG2023-2345
180 x 70 x 250 mm
Sandcast bronze

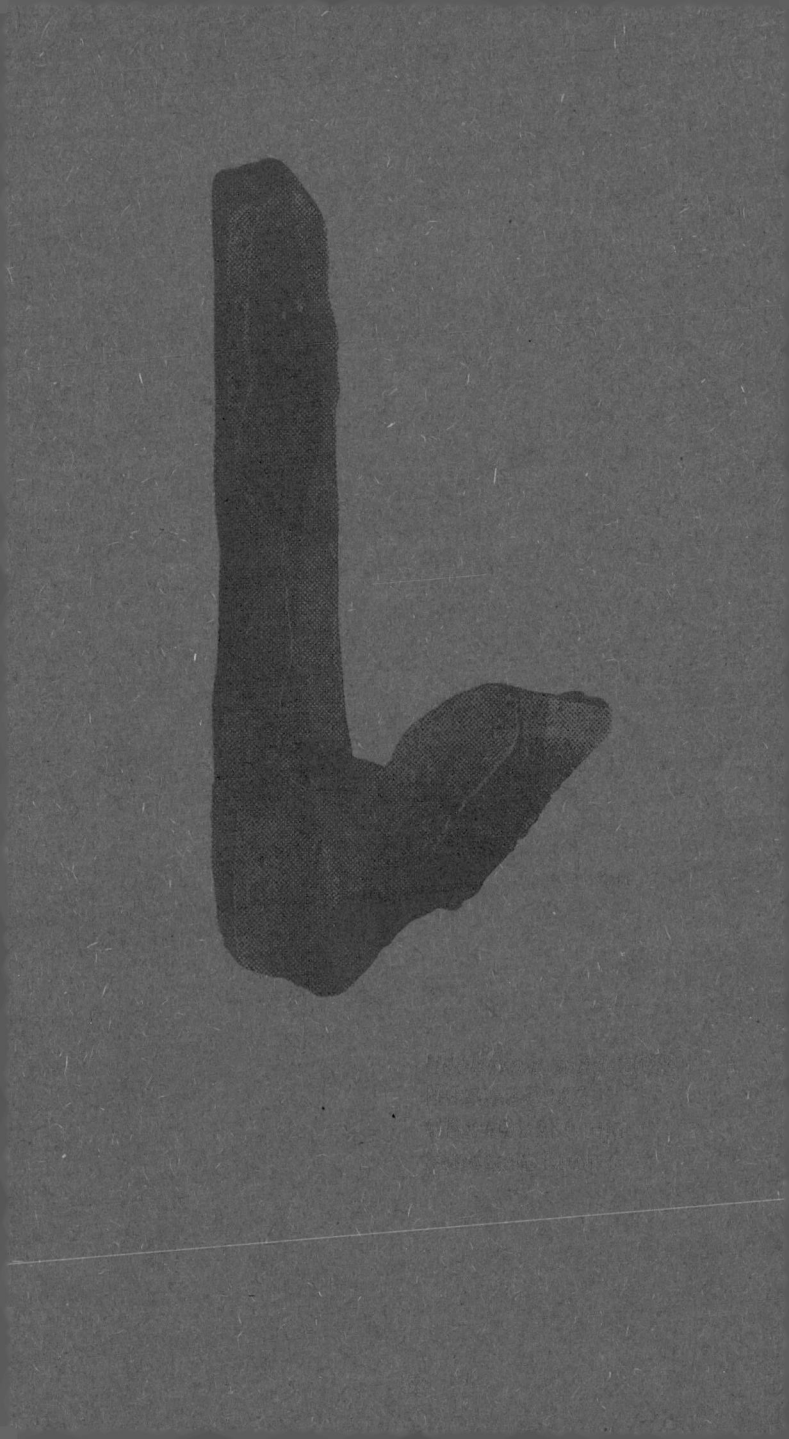

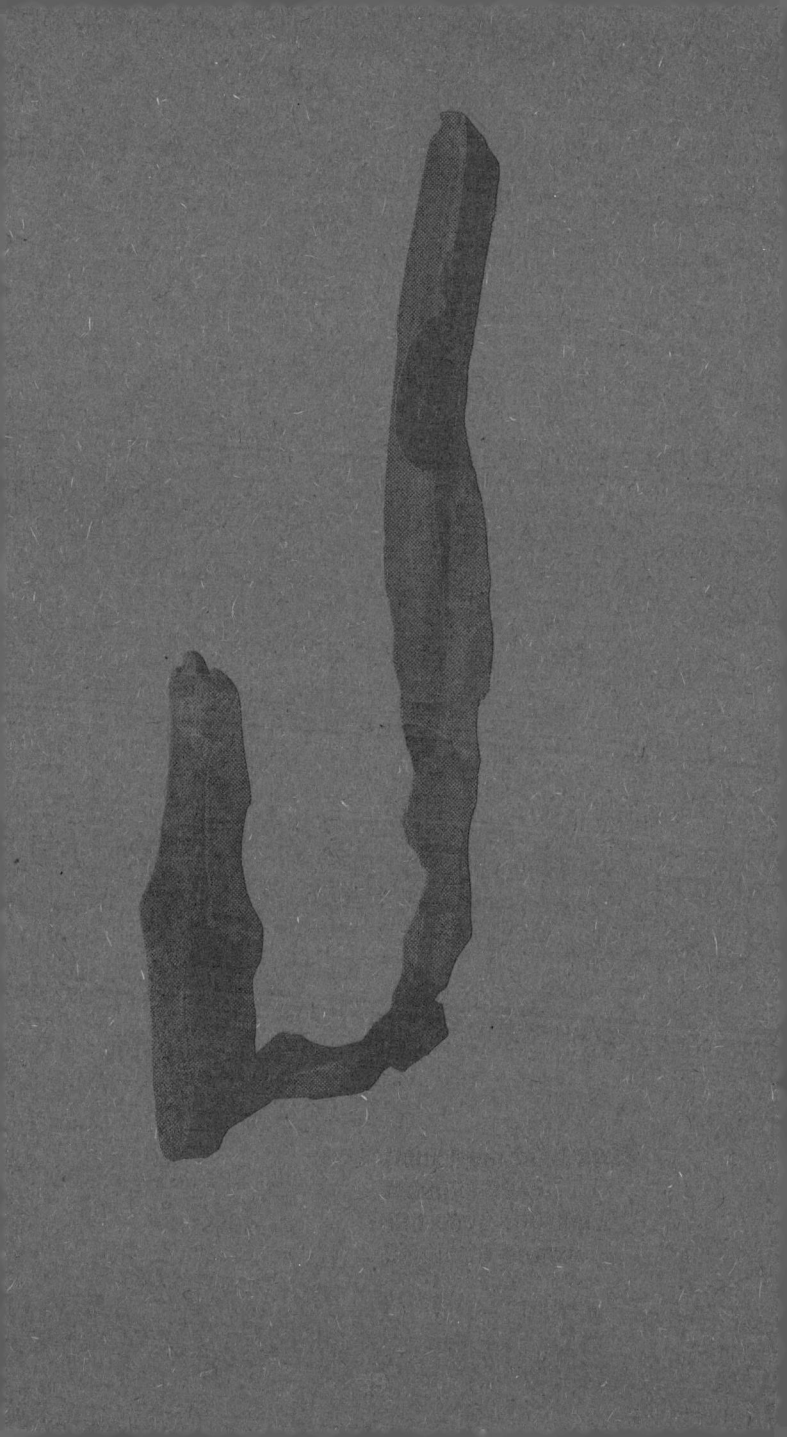

Hook from Sand, 2023
MO2023-2946
170 x 50 x 320 mm
Sandcast bronze

Hook from Sand, 2023
MO2023-2947
130 x 50 x 370 mm
Sandcast bronze

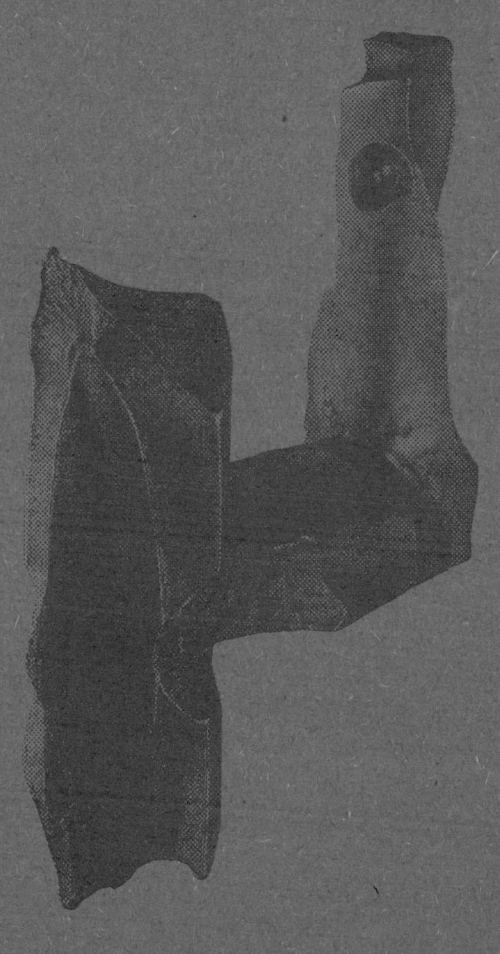

Hook from Sanu, 2023
MG2023-294?
200 x 80 x 240 mm
Sandcast bronze

Hook from Sand, 2023
No0023-287g
185 x40 x 340 mm
Sandcast brass

Hook from Sand, 2023
MG2023-2950
130 x 55 x 190 mm
Sandcast brass

Hook from Sand, 2023
MG2023-2951
180 x 40 x 250 mm
Sandcast brass

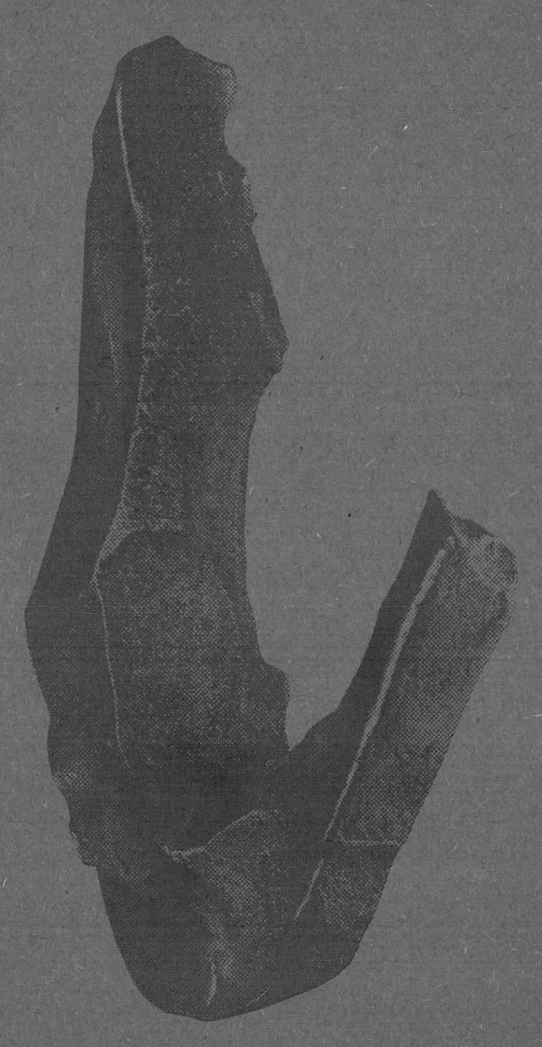

Hook from Sand, 2023
MG2023-2952
110 x 40 x 210 mm
Sandcast brass

Hook from Sand, 2023
MG2023-2953
200 x 65 x 380 mm
Sandcast brass

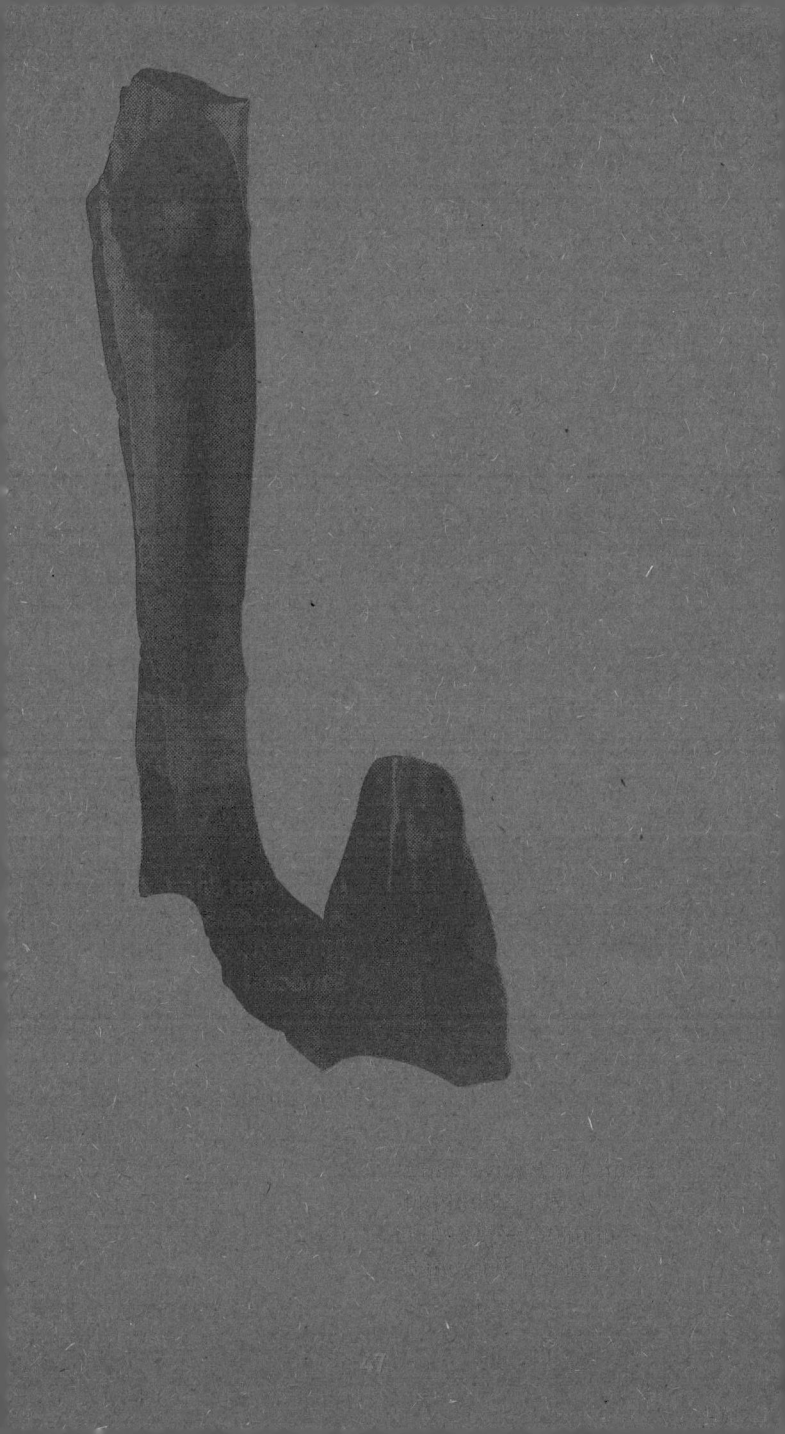

Twiggy Hooky Hook, 2023
MG2023-2987
80 × 20 × 120 mm
Sandcast brass

***Hooked Burl,* 2023**
MG2023-2731
80 x 40 x 200 mm
Briar burl

Hooked Burl, 2023
MG2023-2733
100 x 40 x 150 mm
Briar burl

Hooked Burl, 2023
MG2023-2732
95 x 35 x 235 mm
Briar burl

***Hooked Bark,* 2023**
MG2023-2734
80 x 50 x 185 mm
Cherry

Hooked Burl, 2023
MG2023-2741
95 x 60 x 220 mm
Briar burl

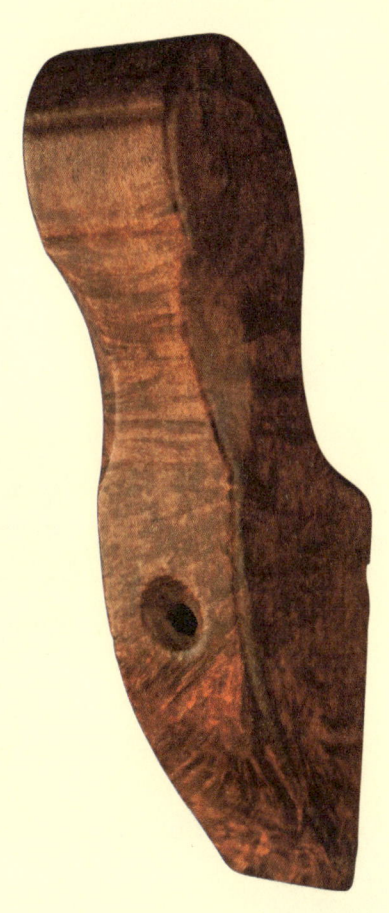

Hooked Burl, **2023**
MG2023-2736
85 x 30 x 150 mm
Briar burl

Hooked Burl, 2023
MG2023-2737
95 x 30 x 200 mm
Briar burl

Hooked Burl, 2023
MG2023-2738
100 x 35 x 240 mm
Briar burl

Hooked Burl, 2023
MG2023-2740
100 x 35 x 210 mm
Briar burl

Hooked Burl, 2023
MG2023-2739
85 x 55 x 240 mm
Briar burl

***Hooked Burl*, 2023**
MG2023-2735
90 x 35 x 100 mm
Briar burl

***Hooked Burl*, 2023**
MG2023-2742
70 x 40 x 165 mm
Elm burl

Hooked Burl, 2023
MG2023-2743
100 x 30 x 200 mm
Briar burl

Hooked Burl, 2023
MG2023-2744
100 x 45 x 140 mm
Briar burl

Hooked Burl, 2023
MG2023-2745
100 x 30 x 200 mm
Briar burl

Hooked Burl, 2023
MG2023-2746
110 x 35 x 280 mm
Elm burl

Hooked Burl, 2023
MG2023-2748
150 x 50 x 125 mm
Wood of wonders

Hooked Burl, 2023
MG2023-2747
150 x 50 x 185 mm
Wood of wonders

Hooked Burl, 2023
MG2023-2749
100 x 30 x 120 mm
Briar burl

Hooked Burl, 2023
MG2023-2750
75 x 60 x 160 mm
Briar burl

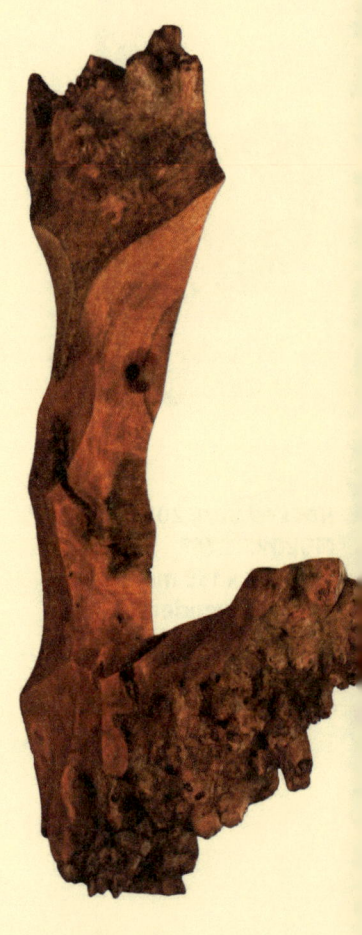

Hooked Burl, 2023
MG2023-2751
155 x 45 x 270 mm
Briar burl

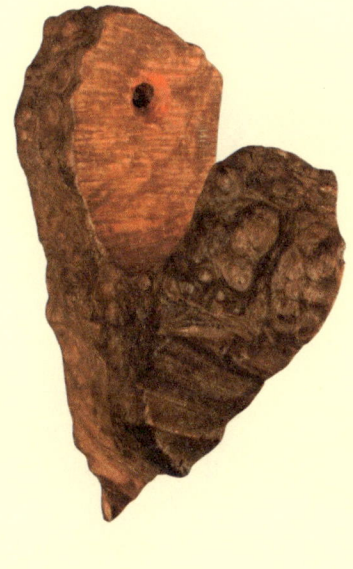

Hooked Burl, 2023
MG2023-2753
75 x 45 x 110 mm
Briar burl

Hooked Burl, 2023
MG2023-2752
115 x 40 x 310 mm
Briar burl

Hooked Burl, 2023
MG2023-2754
80 x 30 x 200 mm
Briar burl

Hooked Burl, 2023
MG2023-2755
95 x 30 x 190 mm
Briar burl

Hooked Burl, 2023
MG2023-2757
65 x 25 x 90 mm
Briar burl

Hooked Burl, 2023
MG2023-2756
80 x 40 x 155 mm
Briar burl

Hooked Burl, 2023
MG2023-2758
55 x 45 x 100 mm
Briar burl

Hooked Burl, 2023
MG2023-2760
90 x 30 x 120 mm
Briar burl

Hooked Burl, 2023
MG2023-2759
115 x 30 x 110 mm
Briar burl

Hooked Burl, 2023
MG2023-2815
80 x 30 x 140 mm
Briar burl

***Hookaloti*, 2019**
MG2019-2551
155 x 50 x 90 mm
Blown soda glass

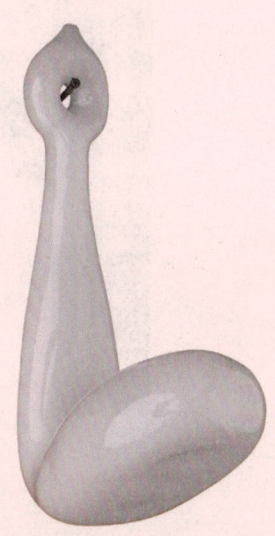

***Hook from Glass*, 2023**
MG2023-2902
95 x 45 x 165 mm
Borosilicate glass

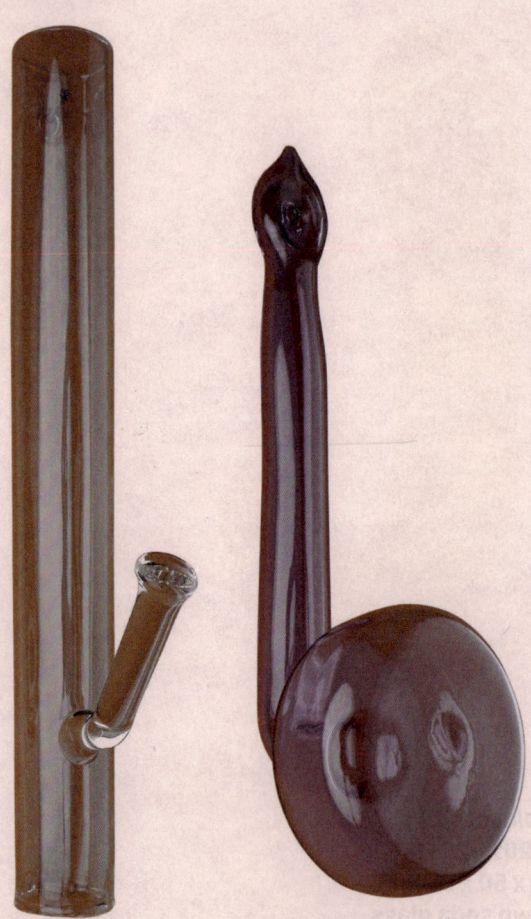

***Hook from Glass,* 2023**
MG2023-2904
120 x 95 x 300 mm
Borosilicate glass

***Hook from Glass,* 2023**
MG2023-2903
90 x 40 x 300 mm
Borosilicate glass

***Hook from Glass,* 2023**
MG2023-2905
140 x 95 x 220 mm
Borosilicate glass

Hook from Glass, 2023
MG2023-2906
60 x 35 x 150 mm
Blown soda glass

Hook from Glass, 2023
MG2023-2907
60 x 25 x 140 mm
Blown soda glass

Hook from Glass, 2023
MG2023-2908
100 x 40 x 180 mm
Borosilicate glass

Hook from Glass, 2023
MG2023-2909
95 x 25 x 190 mm
Blown soda glass

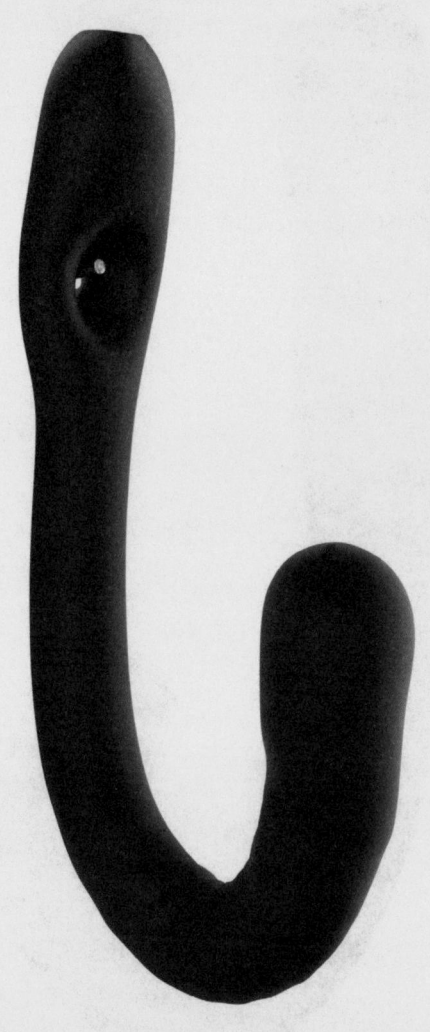

Hook from Glass, 2023
MG2023-3073
110 x 40 x 200 mm
Blown soda glass

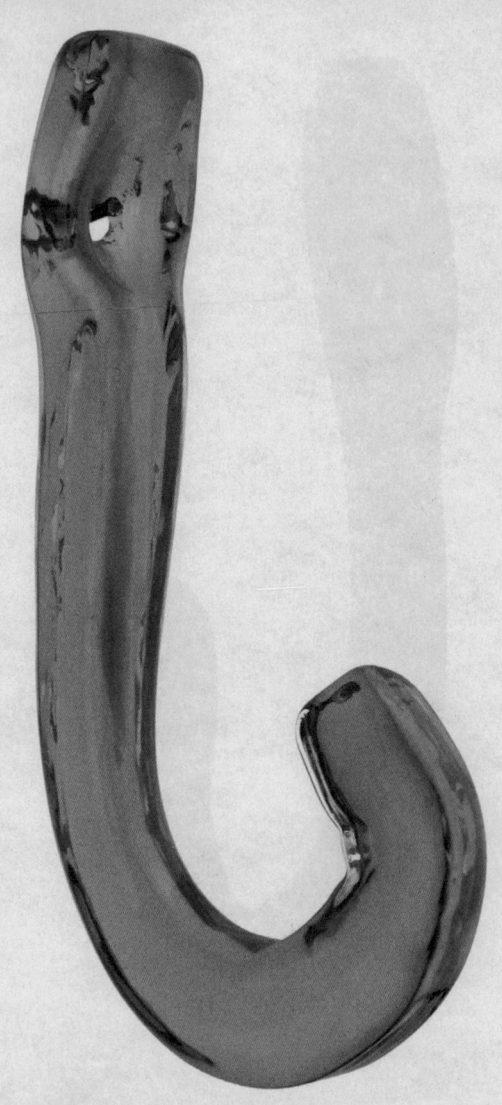

Hook from Glass, 2023
MG2023-3076
95 x 50 x 180 mm
Blown soda glass

Hook from Glass, 2023
MG2023-3078
60 x 60 x 270 mm
Blown soda glass

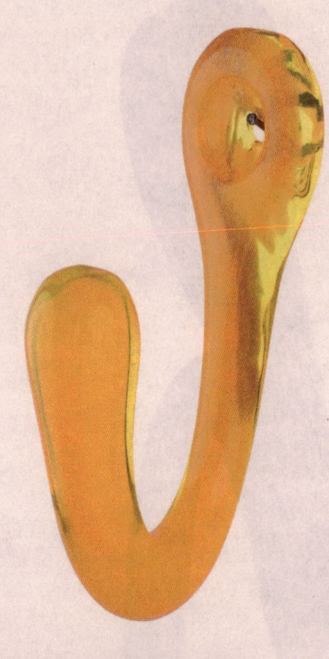

***Hook from Glass*, 2023**
MG2023-3079
115 x 60 x 175 mm
Blown soda glass

***Hook from Glass*, 2023**
MG2023-3080
115 x 50 x 175 mm
Blown soda glass

***Hook from Glass,* 2023**
MG2023-3081
130 x 60 x 200 mm
Blown soda glass

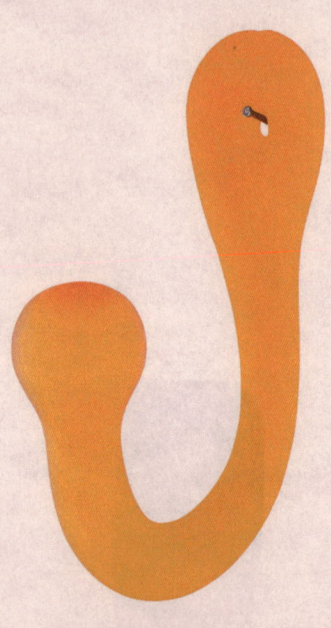

Hook from Glass, 2023
MG2023-3083
125 x 65 x 175 mm
Blown soda glass

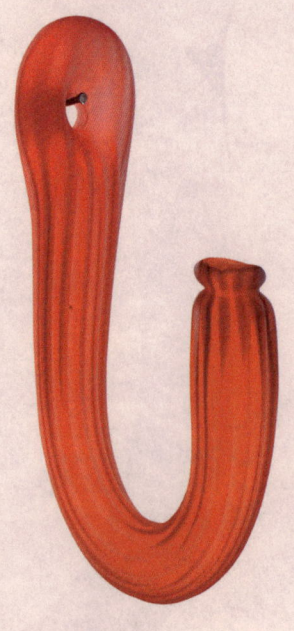

Hook from Glass, 2023
MG2023-3084
100 x 50 x 175 mm
Blown soda glass

Hook from Glass, 2023
MG2023-3085
120 x 45 x 230 mm
Blown soda glass

Hook from Glass, 2023
MG2023-3086
105 x 45 x 220 mm
Blown soda glass

***Hook from Glass*, 2023**
MG2023-3087
80 x 70 x 135 mm
Blown soda glass

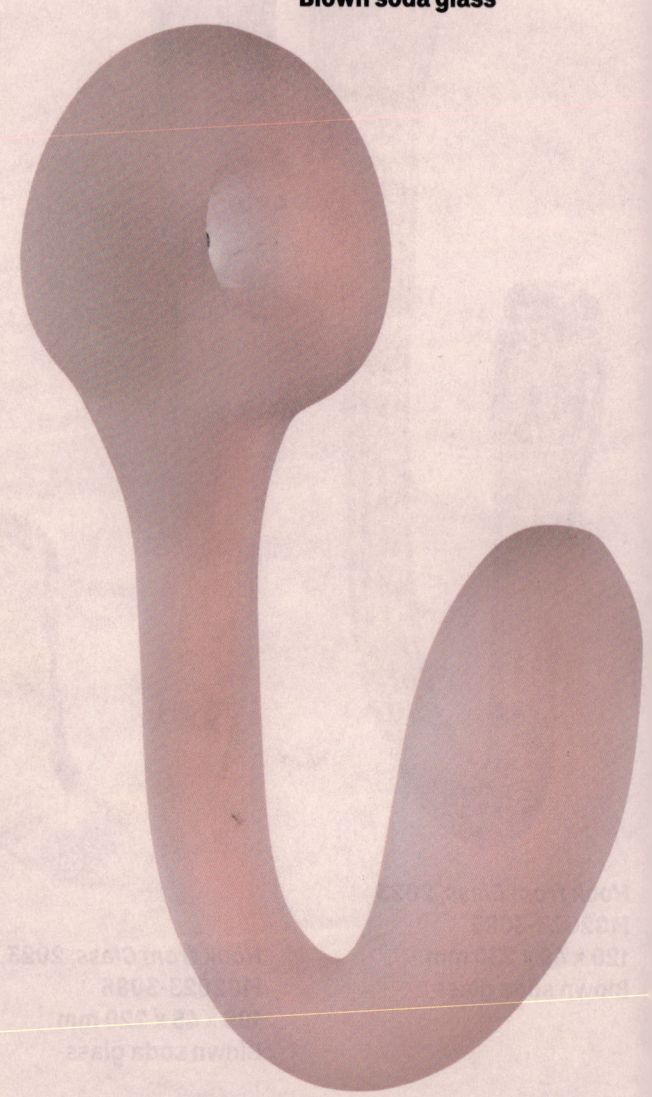

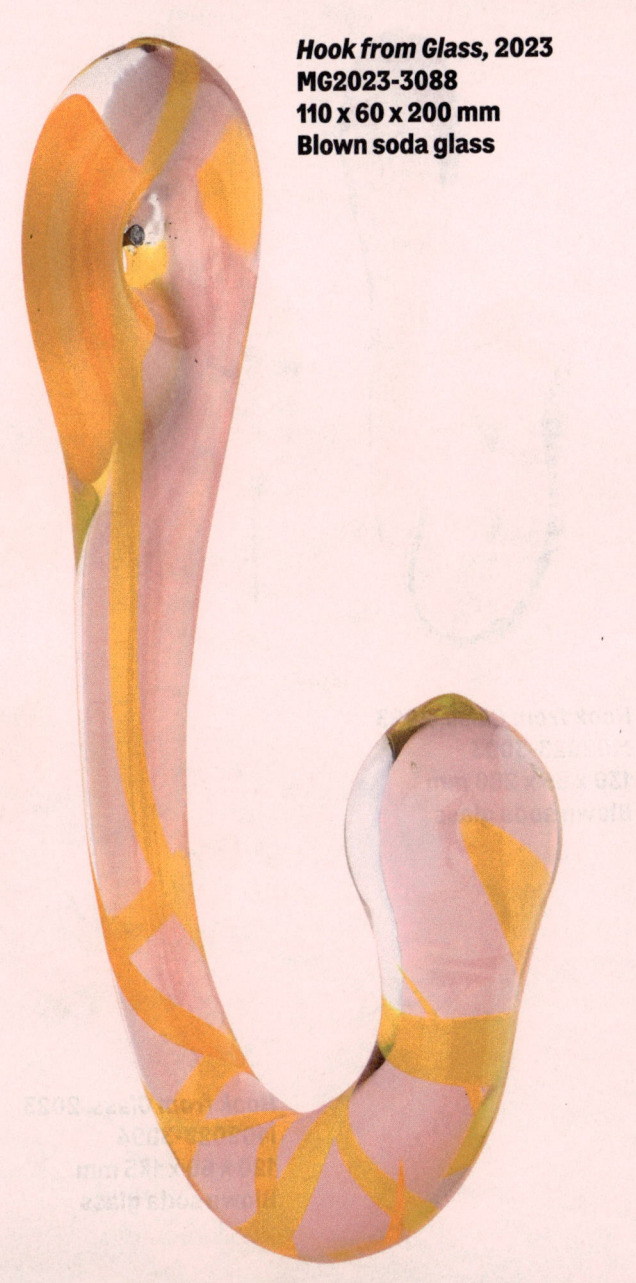

Hook from Glass, 2023
MG2023-3088
110 x 60 x 200 mm
Blown soda glass

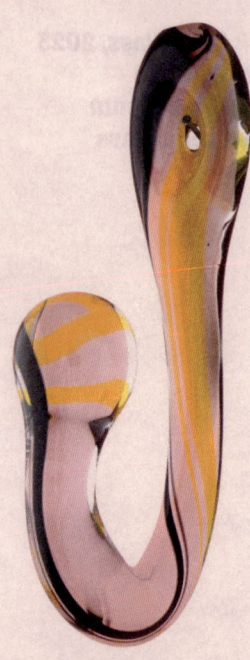

Hook from Glass, 2023
MG2023-3093
130 x 55 x 200 mm
Blown soda glass

Hook from Glass, 2023
MG2023-3094
120 x 60 x 185 mm
Blown soda glass

Hook from Glass, 2023
MG2023-3209
150 x 15 x 220 mm
Float glass, paint

Hook from Glass, 2023
MG2023-3210
200 x 15 x 240 mm
Float glass, paint

Hook from Glass, 2023
MG2023-3211
155 x 15 x 255 mm
Float glass, paint

Hook from Glass, 2023
MG2023-3212
150 x 15 x 220 mm
Float glass, paint

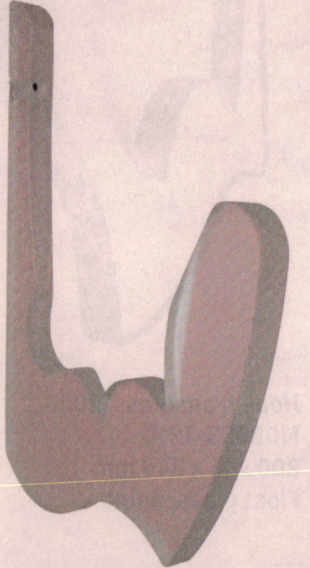

Hook from Glass, 2023
MG2023-3213
175 x 15 x 240 mm
Float glass

Hooked Misto No. 1, 2020
MG2020-2049
100 x 30 x 190 mm
Acacia

Hooked Misto No. 2, 2020
MG2020-2050
120 x 30 x 190 mm
Acacia

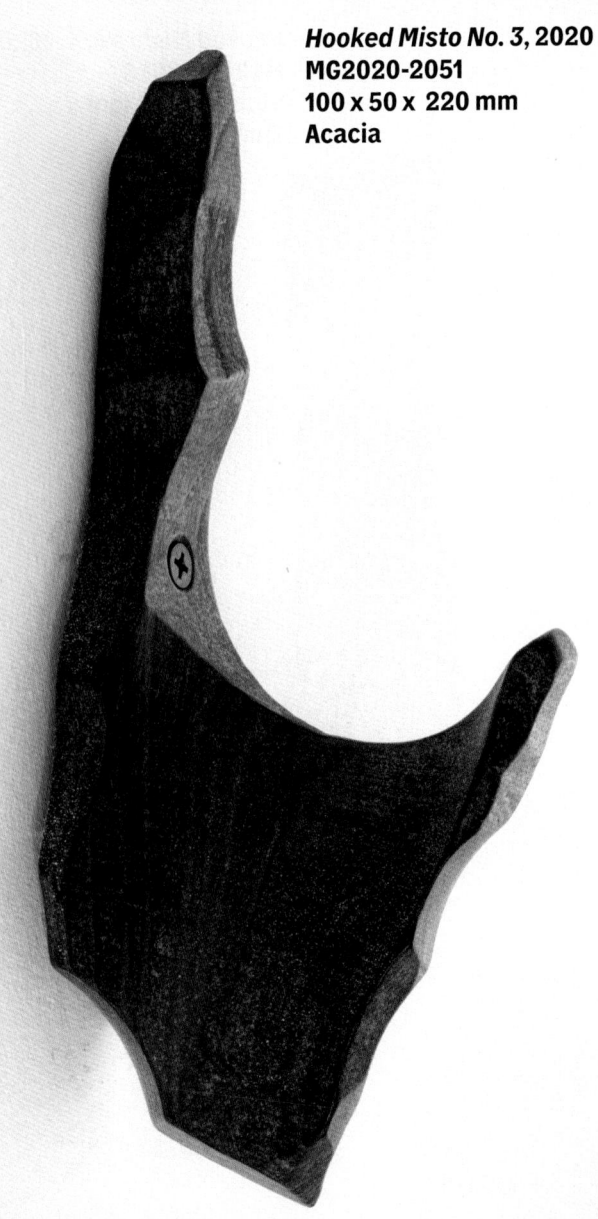

***Hooked Misto No. 3**, 2020*
MG2020-2051
100 x 50 x 220 mm
Acacia

Hooked Misto No. 4, 2020
MG2020-2056
90 x 40 x 180 mm
Elm

Hooked Misto No. 5, 2020
MG2020-2055
110 x 30 x 180 mm
Acacia

Hooked Misto No. 6, 2020
MG2020-2052
110 x 30 x 160 mm
Acacia

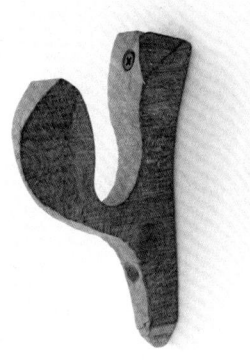

Hooked Misto No. 7, 2020
MG2020-2053
80 x 40 x 150 mm
Elm

Hooked Misto No. 8, 2020
MG2020-2058
70 x 30 x 120 mm
Acacia

Hooked Misto No. 9, 2020
MG2020-2054
60 x 30 x 110 mm
Acacia

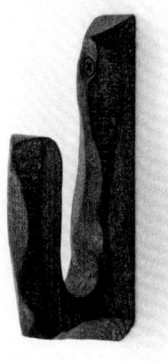

Hooked Misto No. 10, 2020
MG2020-2057
70 x 30 x 150 mm
Acacia

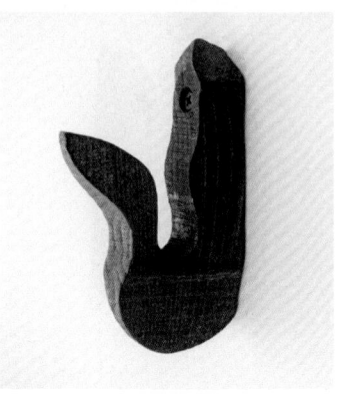

Hooked Misto No. 11, 2020
MG2020-2059
90 x 30 x 140 mm
Acacia

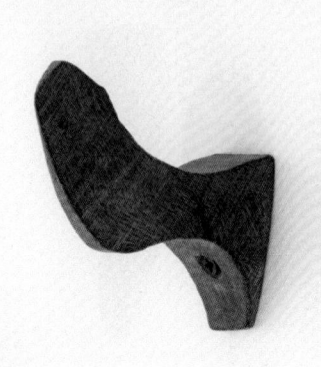

Hooked Misto No. 12, 2020
MG2020-2060
80 x 40 x 100 mm
Elm

Hooked Misto No. 13, 2020
MG2020-2061
60 x 30 x 100 mm
Acacia

A Hook for All Things, 2023
MG2023-3516
60 x 20 x 95 mm
Cast zinc alloy

Brass Hook A, 2023
MG2022-3508
70 x 45 x 145 mm
Brass

Brass Hook B, 2023
MG2022-3509
60 x 45 x 150 mm
Brass

Brass Hook C, 2023
MG2022-3510
70 x 40 x 125 mm
Brass

Brass Hook D, 2023
MG2022-3511
80 x 40 x 120 mm
Brass

Brass Hook E, 2023
MG2022-3512
25 x 5 x 50 mm
Brass

Powder Coated Steel Hook A, 2023
MG2022-3513
90 x 55 x 130 mm
Powder coated steel

Powder Coated Steel Hook B, 2023
MG2022-3514
80 x 55 x 125 mm
Powder coated steel

***Powder Coated Steel Hook C,* 2023**
MG2022-3515
105 x 55 x 135 mm
Powder coated steel

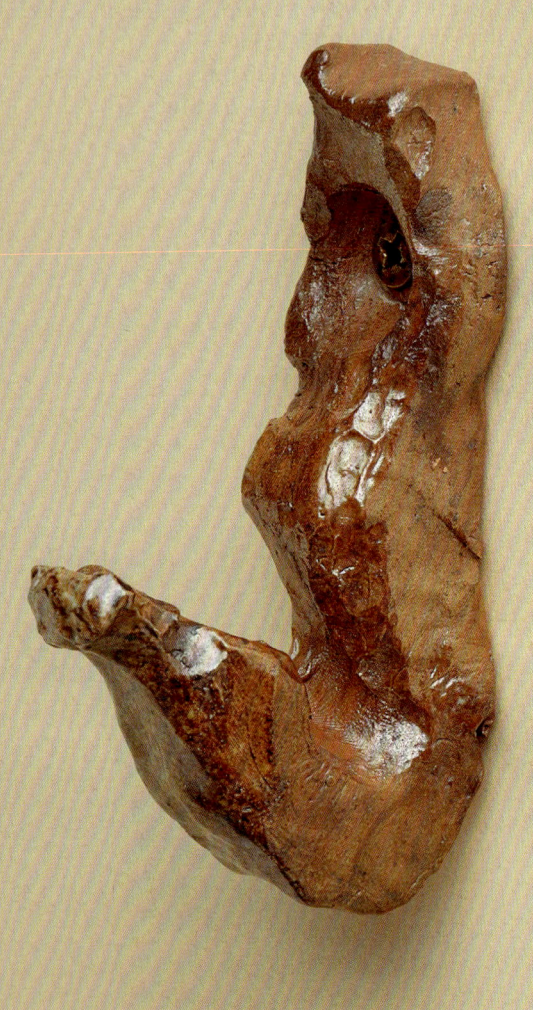

Fired Hook, 2024
MG2024-3549
75 x 35 x 120 mm
Wood fired stoneware

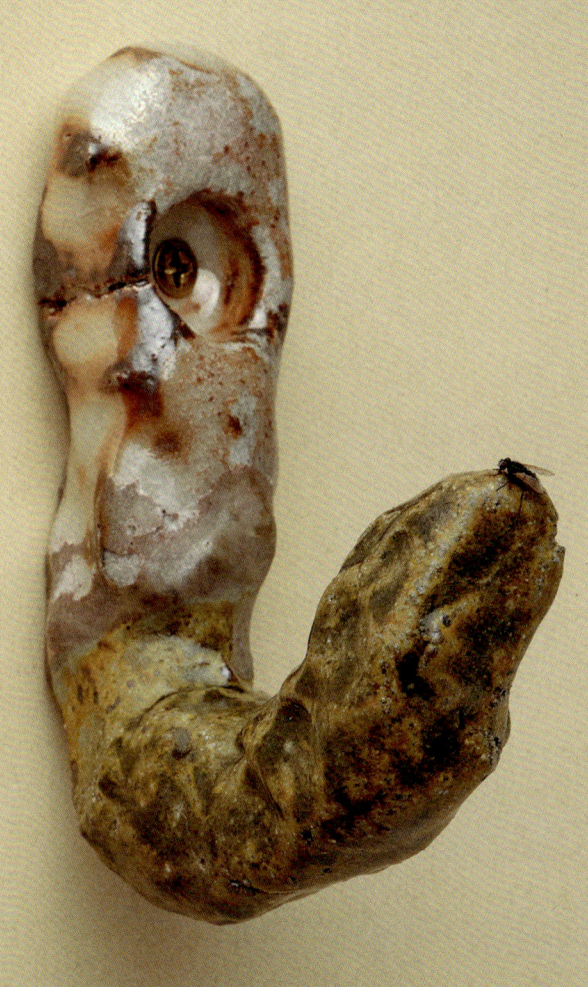

Fired Hook, 2024
MG2024-3556
115 x 50 x 150 mm
Wood fired stoneware

Fired Hook, 2024
MG2024-3554
50 x 30 x 110 mm
Wood fired stoneware

Fired Hook, 2024
MG2024-3558
60 x 100 x 100 mm
Wood fired stoneware

Fired Hook, 2024
MG2024-3548
70 x 35 x 140 mm
Wood fired stoneware

Fired Hook, 2024
MG2024-3555
105 x 45 x 140 mm
Wood fired stoneware

Fired Hook, 2024
MG2024-3557
77 x 33 x 150 mm
Wood fired stoneware

Fired Hook, 2024
MG2024-3550
47 x 36 x 120 mm
Wood fired stoneware

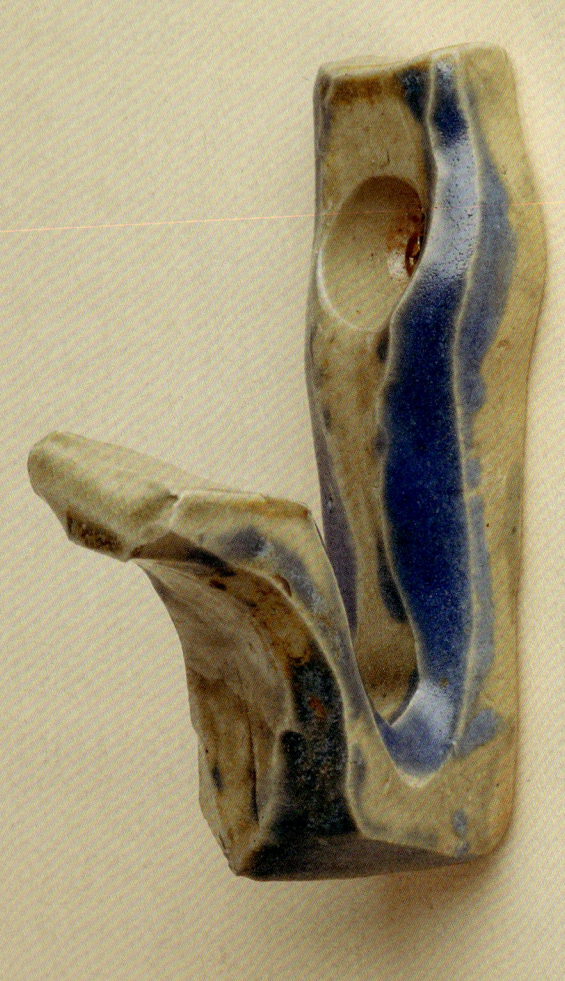

Fired Hook, 2024
MG2024-3551
85 x 45 x 125 mm
Wood fired stoneware

Fired Hook, 2024
MG2024-3552
80 x 40 x 127 mm
Wood fired stoneware

Fired Hook, 2024
MG2024-3553
90 x 45 x 150 mm
Wood fired stoneware

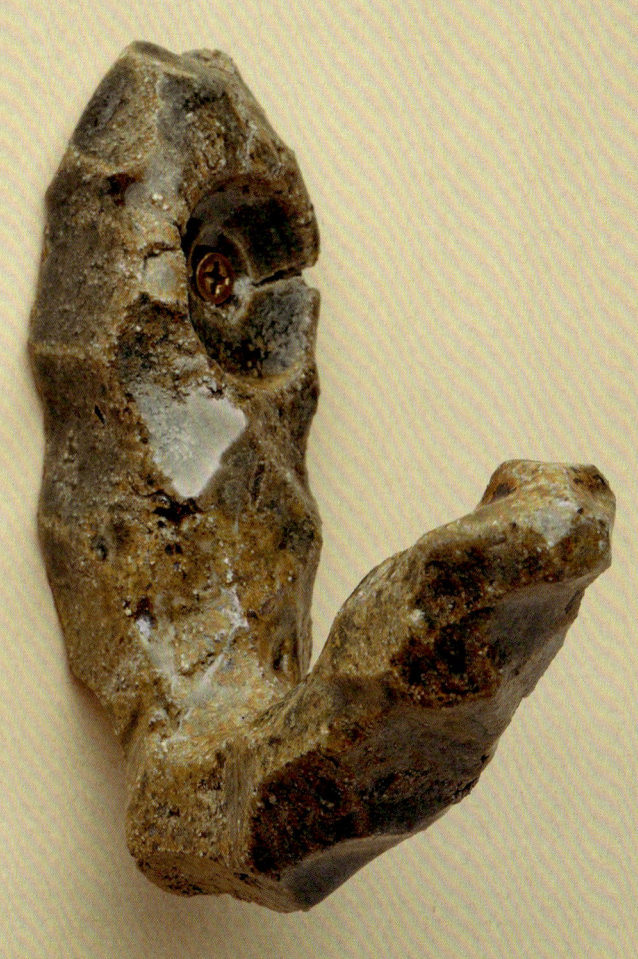

Fired Hook, 2024
MG2024-3559
145 x 60 x 160 mm
Wood fired stoneware

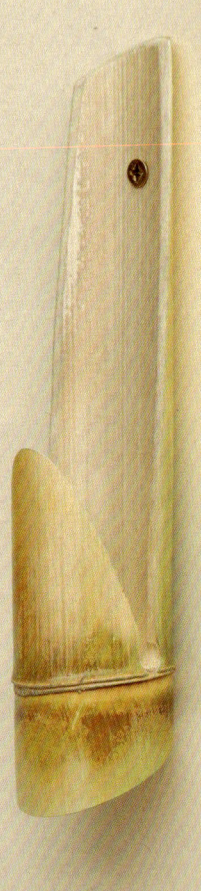

Hook from Bamboo, 2024
MG2024-3560
57 x 57 x 350 mm
Bamboo

Hook from Bamboo, 2024
MG2024-3562
55 x 55 x 270 mm
Bamboo

Hook from Bamboo, 2024
MG2024-3561
60 x 50 x 295 mm
Bamboo

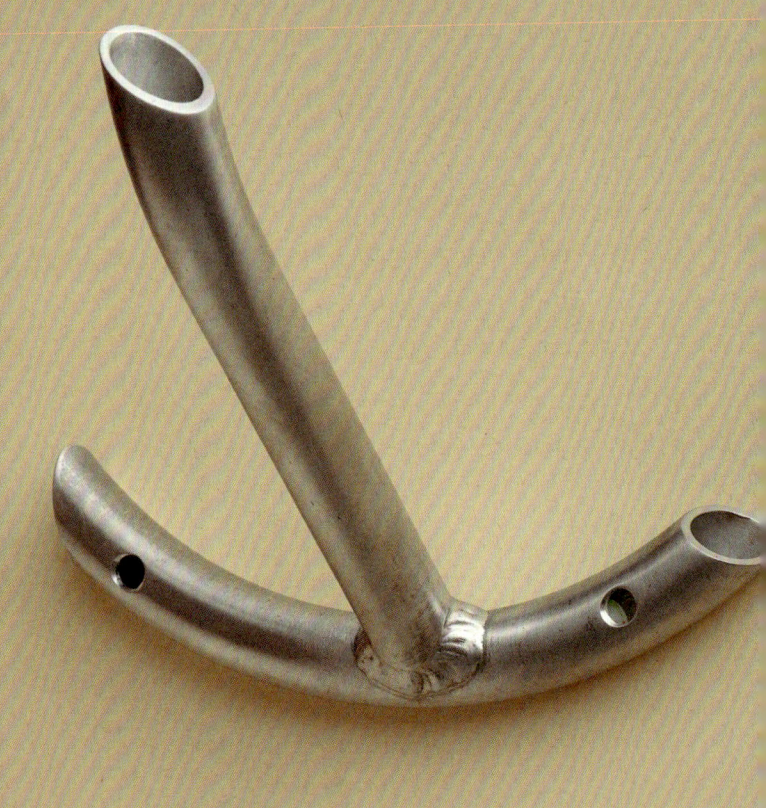

***Hook from Aluminium*, 2024**
MG2024-3563
230 x 185 x 240 mm
Aluminium

Fired Hook, 2020
MG2020-2159
80 x 25 x 140 mm
Wood fired stoneware

Fired Hook, 2020
MG2020-2160
60 x 35 x 135 mm
Wood fired stoneware

Fired Hook, 2020
MG2020-2161
90 x 35 x 125 mm
Wood fired stoneware

Fired Hook, 2020
MG2020-2162
50 x 25 x 100 mm
Wood fired stoneware

Fired Hook, 2020
MG2020-2163
100 x 25 x 165 mm
Wood fired stoneware

Fired Hook, 2020
MG2020-2164
90 x 35 x 140 mm
Wood fired stoneware

Fired Hook, 2020
MG2020-2165
135 x 35 x 200 mm
Wood fired stoneware

Fired Hook, 2020
MG2020-2167
115 x 120 x 130 mm
Wood fired stoneware

Fired Hook, 2020
MG2020-2166
150 x 35 x 260 mm
Wood fired stoneware

***Fired Hook**, 2020*
MG2020-2168
65 x 25 x 110 mm
Wood fired stoneware

***Fired Hook**, 2020*
MG2020-2169
135 x 50 x 150 mm
Wood fired stoneware

***Fired Hook**, 2020*
MG2020-2170
35 x 35 x 60 mm
Wood fired stoneware

***Fired Hook**, 2020*
MG2020-2171
35 x 35 x 95 mm
Wood fired stoneware

Fired Hook, 2019
MG2019-2543
45 x 20 x 80 mm
Wood fired stoneware

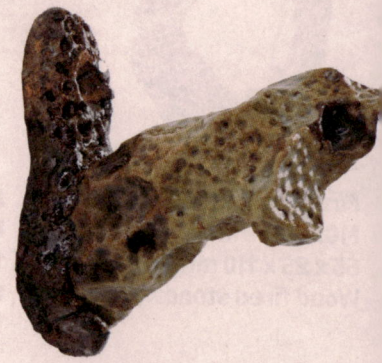

Fired Hook, 2019
MG2019-2544
60 x 30 x 90 mm
Wood fired stoneware

Fired Hook, 2019
MG2019-2545
60 x 20 x 90 mm
Wood fired stoneware

Fired Hook, 2019
MG2019-2546
60 x 25 x 90 mm
Wood fired stoneware

Fired Hook, 2019
MG2019-2547
45 x 15 x 70 mm
Wood fired stoneware

Fired Hook, 2019
MG2019-2548
60 x 35 x 75 mm
Wood fired stoneware

Fired Hook, 2019
MG2019-2549
40 x 10 x 50 mm
Wood fired stoneware

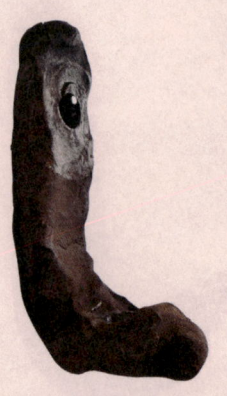

***Fired Hook,* 2022**
MG2022-2333
80 x 35 x 110 mm
Wood fired stoneware

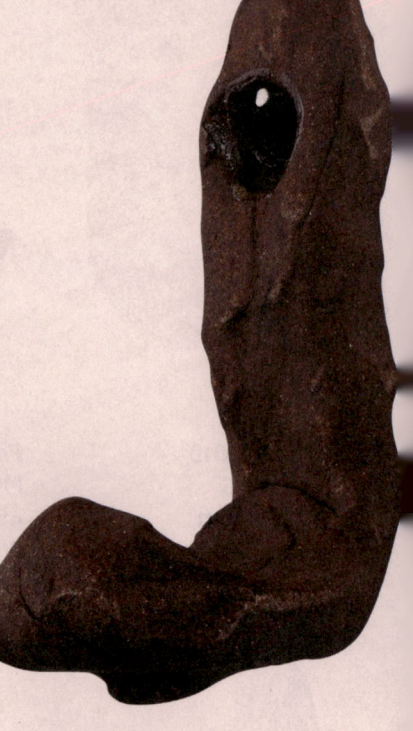

***Fired Hook,* 2022**
MG2022-2335
70 x 35 x 105 mm
Wood fired stoneware

***Fired Hook,* 2022**
MG2022-2334
65 x 30 x 120 mm
Wood fired stoneware

Fired Hook, 2022
MG2022-2336
60 x 30 x 120 mm
Gas fired stoneware

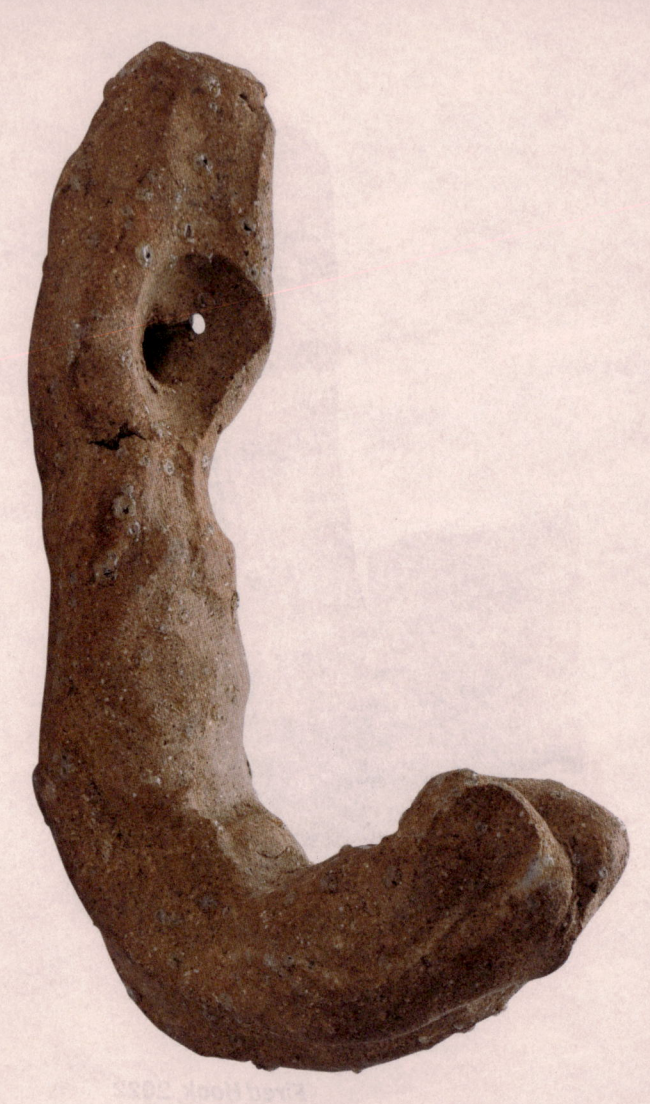

Fired Hook, 2022
MG2022-2338
80 x 35 x 140 mm
Gas fired stoneware

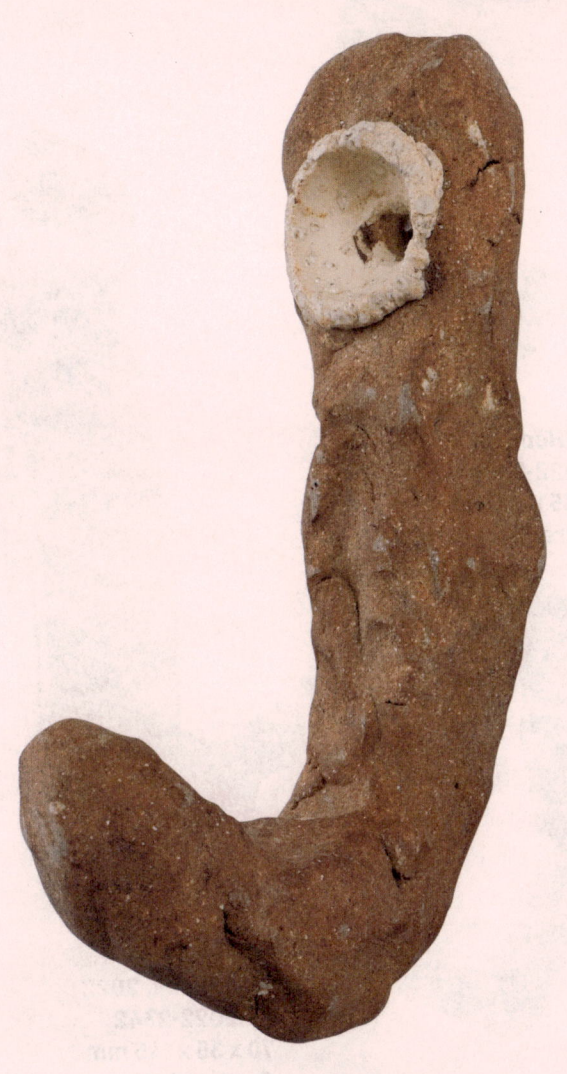

Fired Hook, 2022
MG2022-2339
100 x 45 x 160 mm
Gas fired stoneware

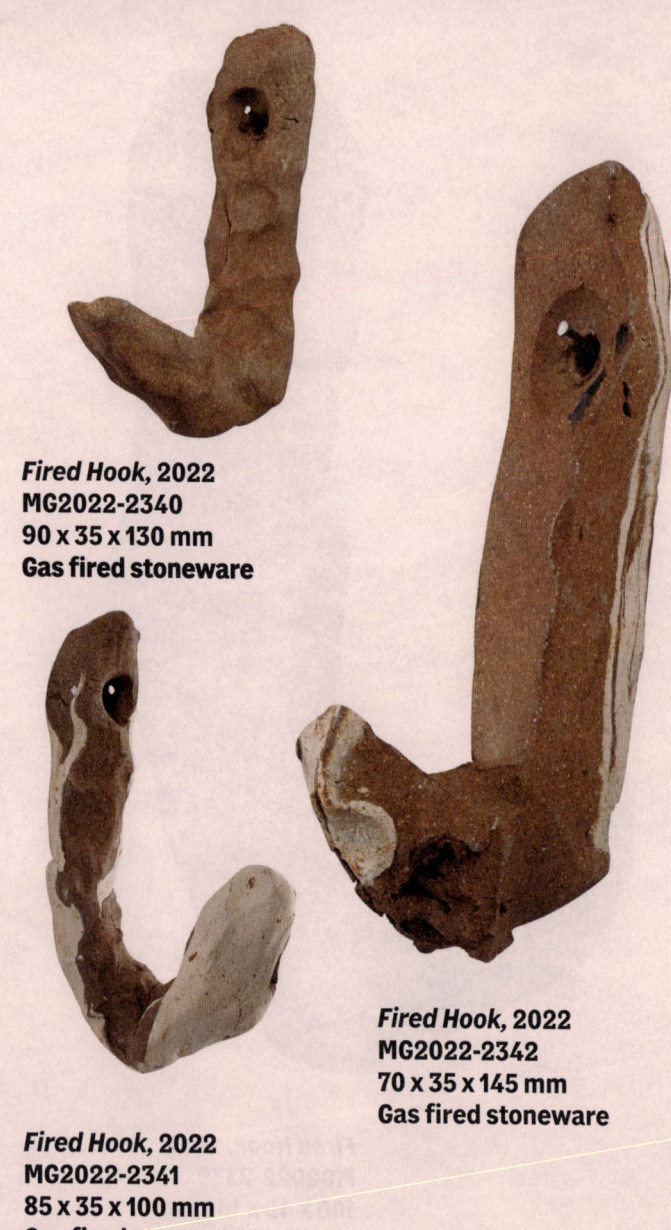

Fired Hook, 2022
MG2022-2340
90 x 35 x 130 mm
Gas fired stoneware

Fired Hook, 2022
MG2022-2342
70 x 35 x 145 mm
Gas fired stoneware

Fired Hook, 2022
MG2022-2341
85 x 35 x 100 mm
Gas fired stoneware

Fired Hook, 2022
MG2022-2343
50 x 20 x 95 mm
Wood fired stoneware

Fired Hook, 2022
MG2022-2345
60 x 30 x 100 mm
Gas fired stoneware

Fired Hook, 2022
MG2022-2344
65 x 45 x 150 mm
Gas fired stoneware

Fired Hook, 2022
MG2022-2346
45 x 25 x 150 mm
Gas fired stoneware

Fired Hook, 2022
MG2022-2348
45 x 25 x 80 mm
Wood fired stoneware

Fired Hook, 2022
MG2022-2347
50 x 25 x 140 mm
Gas fired stoneware

Fired Hook, 2022
MG2022-2350
80 x 40 x 145 mm
Gas fired stoneware

***Fired Hook*, 2022**
MG2022-2351
100 x 40 x 150 mm
Gas fired stoneware

***Fired Hook*, 2022**
MG2022-2352
120 x 35 x 210 mm
Gas fired stoneware

***Fired Hook*, 2022**
MG2022-2353
85 x 40 x 135 mm
Gas fired stoneware

***Fired Hook*, 2022**
MG2022-2354
100 x 50 x 130 mm
Gas fired stoneware

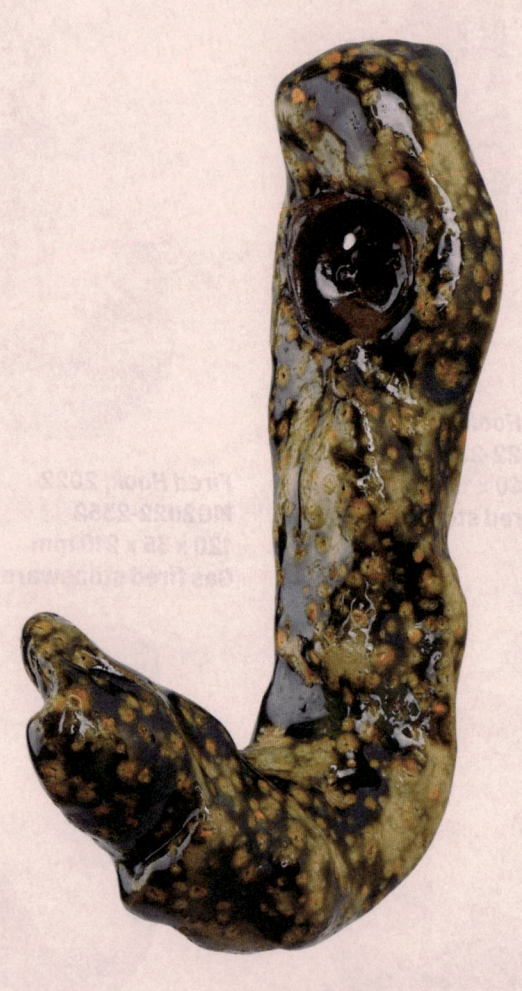

Fired Hook, 2022
MG2022-2355
90 x 45 x 150 mm
Wood fired stoneware

Fired Hook, 2022
MG2022-2356
100 x 40 x 150 mm
Wood fired stoneware

Fired Hook, 2022
MG2022-2358
130 x 50 x 210 mm
Wood fired stoneware

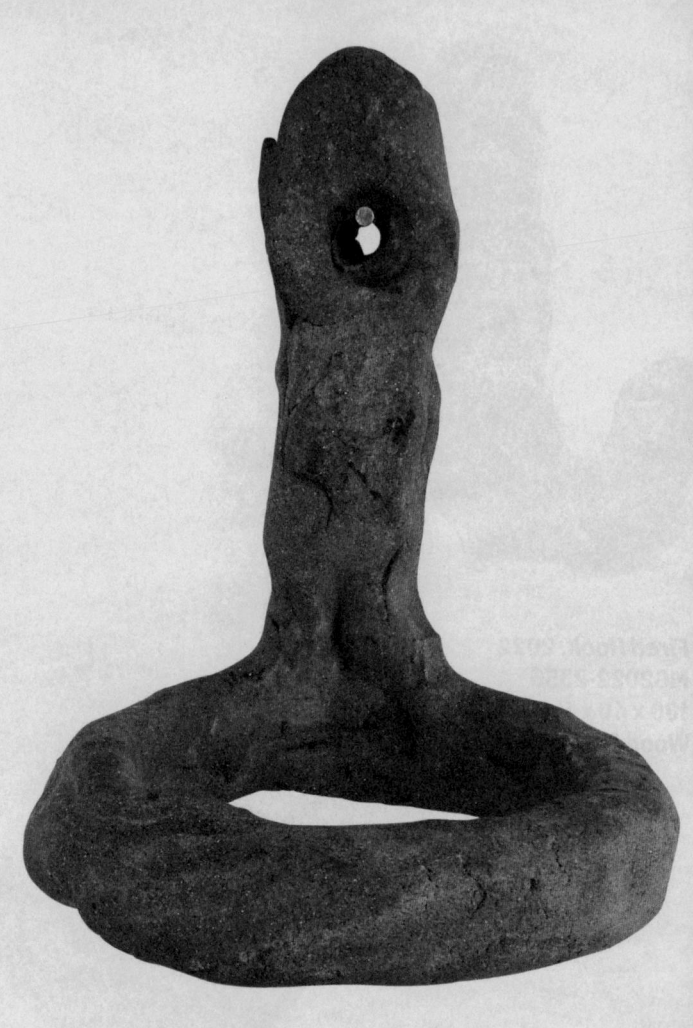

Fired Hook, 2022
MG2022-2359
100 x 100 x 120 mm
Wood fired stoneware

Fired Hook, 2023
MG2023-2988
125 x 40 x 210 mm
Gas fired stoneware

Fired Hook, 2023
MG2023-2989
130 x 45 x 210 mm
Gas fired stoneware

Fired Hook, 2023
MG2023-2990
125 x 45 x 250 mm
Gas fired stoneware

Fired Hook, 2023
MG2023-2991
90 x 160 x 340 mm
Gas fired stoneware

Fired Hook, 2023
MG2023-2998
125 x 45 x 255 mm
Gas fired stoneware

Fired Hook, 2023
MG2023-2992
90 x 40 x 170 mm
Wood fired stoneware

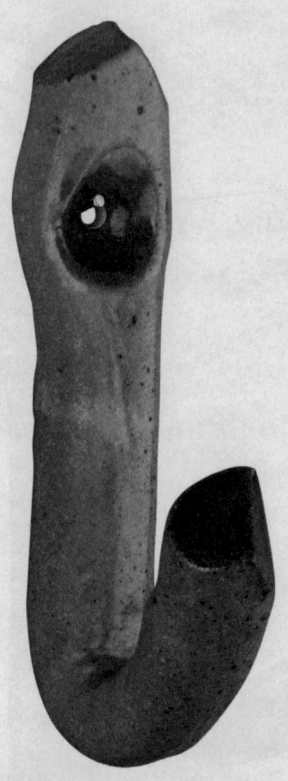

Fired Hook, 2023
MG2023-2993
85 x 50 x 170 mm
Wood fired stoneware

Fired Hook, 2023
MG2023-2994
65 x 40 x 130 mm
Wood fired stoneware

Fired Hook, 2023
MG2023-2997
140 x 45 x 335 mm
Gas fired stoneware

Fired Hook, 2023
MG2023-2996
145 x 180 x 345 mm
Gas fired stoneware

Fired Hook, 2023
MG2023-3252
85 x 240 x 245 mm
Gas fired stoneware

Fired Hook, 2023
MG2023-3000
100 x 85 x 340mm
Gas fired stoneware

Fired Hook, 2023
MG2023-3001
140 x 60 x 270 mm
Gas fired stoneware

Fired Hook, 2023
MG2023-3002
105 x 70 x 265 mm
Gas fired stoneware

Fired Hook, 2023
MG2023-3003
90 x 40 x 190 mm
Gas fired stoneware

Fired Hook, 2023
MG2023-2999
135 x 50 x 285 mm
Gas fired stoneware

Fired Hook, 2023
MG2023-3005
130 x 90 x 275 mm
Gas fired stoneware

Fired Hook, 2023
MG2023-3006
90 x 40 x 190 mm
Gas fired stoneware

Fired Hook, 2023
MG2023-3004
110 x 50 x 195 mm
Gas fired stoneware

Fired Hook, 2023
MG2023-3008
100 x 45 x 145 mm
Gas fired stoneware

Fired Hook, 2023
MG2023-3009
70 x 40 x 140 mm
Gas fired stoneware

Fired Hook, 2023
MG2023-3011
70 x 40 x 100 mm
Gas fired stoneware

Fired Hook, 2023
MG2023-3096
140 x 50 x 300 mm
Gas fired stoneware

Fired Hook, 2023
MG2023-3097
120 x 40 x 200 mm
Gas fired stoneware

Fired Hook, 2023
MG2023-3098
110 x 40 x 220 mm
Gas fired stoneware

Fired Hook, 2023
MG2023-3100
155 x 55 x 295 mm
Gas fired stoneware

Fired Hook, 2023
MG2023-3102
90 x 40 x 210 mm
Gas fired stoneware

Fired Hook, 2023
MG2023-3103
130 x 50 x 210 mm
Gas fired stoneware

Fired Hook, 2023
MG2023-3104
100 x 40 x 165 mm
Gas fired stoneware

Fired Hook, 2023
MG2023-3105
70 x 45 x 190 mm
Gas fired stoneware

Fired Hook, 2023
MG2023-3106
100 x 45 x 140 mm
Gas fired stoneware

Fired Hook, 2023
MG2023-3107
95 x 45 x 100 mm
Gas fired stoneware

Fired Hook, 2023
MG2023-3188
120 x 40 x 230 mm
Gas fired stoneware

Fired Hook, 2023
MG2023-3189
125 x 45 x 240 mm
Gas fired stoneware

Fired Hook, 2023
MG2023-3190
150 x 40 x 300 mm
Gas fired stoneware

Fired Hook, 2023
MG2023-3191
150 x 45 x 260 mm
Gas fired stoneware

Fired Hook, 2023
MG2023-3192
135 x 140 x 240 mm
Gas fired stoneware

Fired Hook, 2023
MG2023-3193
100 x 40 x 200 mm
Gas fired stoneware

Fired Hook, 2023
MG2023-3194
150 x 45 x 270 mm
Gas fired stoneware

Fired Hook, 2023
MG2023-3195
130 x 45 x 320 mm
Gas fired stoneware

Fired Hook, 2023
MG2023-3196
140 x 55 x 275 mm
Gas fired stoneware

Fired Hook, 2023
MG2023-3197
145 x 130 x 260 mm
Gas fired stoneware

Fired Hook, 2023
MG2023-3198
115 x 45 x 240 mm
Gas fired stoneware

Fired Hook, 2023
MG2023-3199
130 x 40 x 310 mm
Gas fired stoneware

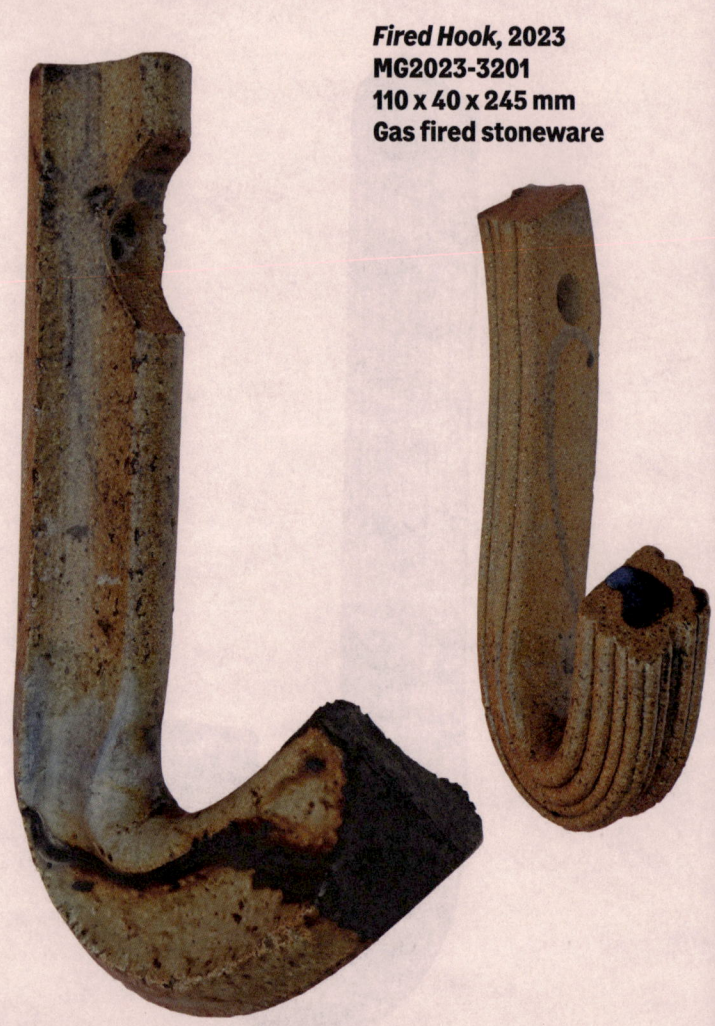

***Fired Hook*, 2023**
MG2023-3201
110 x 40 x 245 mm
Gas fired stoneware

***Fired Hook*, 2023**
MG2023-3200
130 x 45 x 235 mm
Gas fired stoneware

Fired Hook, 2023
MG2023-3203
135 x 50 x 255 mm
Gas fired stoneware

Fired Hook, 2023
MG2023-3202
130 x 45 x 315 mm
Gas fired stoneware

Fired Hook, 2023
MG2023-3204
135 x 50 x 240 mm
Gas fired stoneware

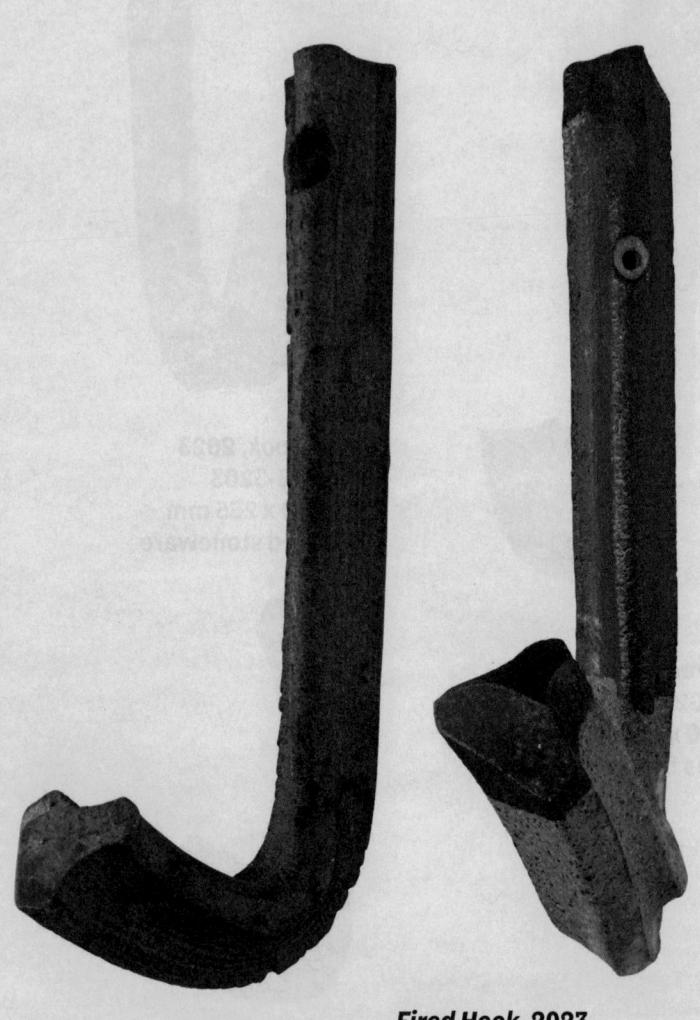

Fired Hook, 2023
MG2023-3205
130 x 95 x 330 mm
Gas fired stoneware

Fired Hook, 2023
MG2023-3206
130x 95 x 335 mm
Gas fired stoneware

Fired Hook, 2023
MG2023-3207
135 x 75 x 255 mm
Gas fired stoneware

Fired Hook, 2023
MG2023-3208
135 x 45 x 170 mm
Gas fired stoneware

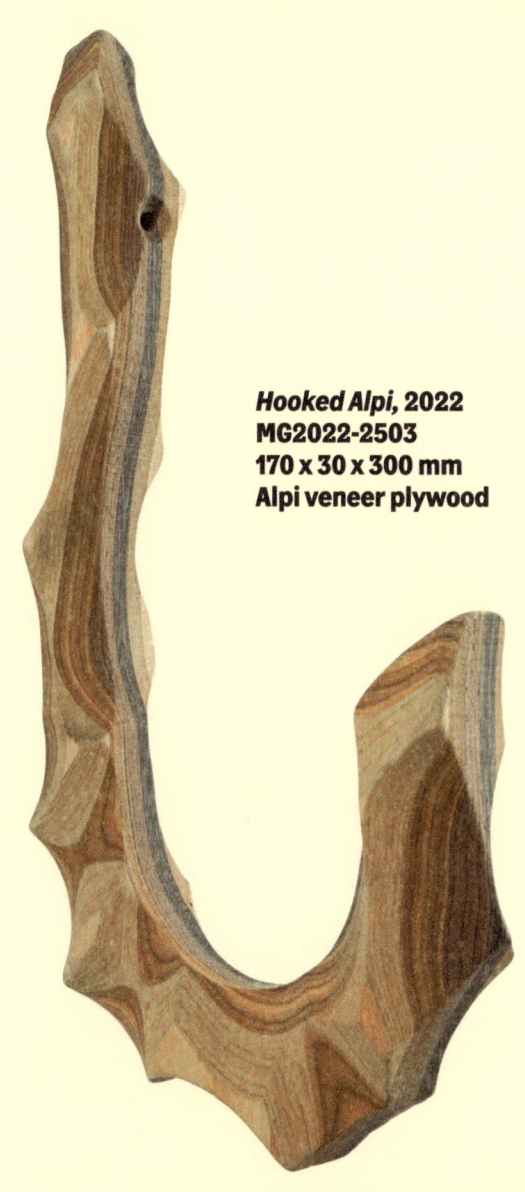

***Hooked Alpi,* 2022**
MG2022-2503
170 x 30 x 300 mm
Alpi veneer plywood

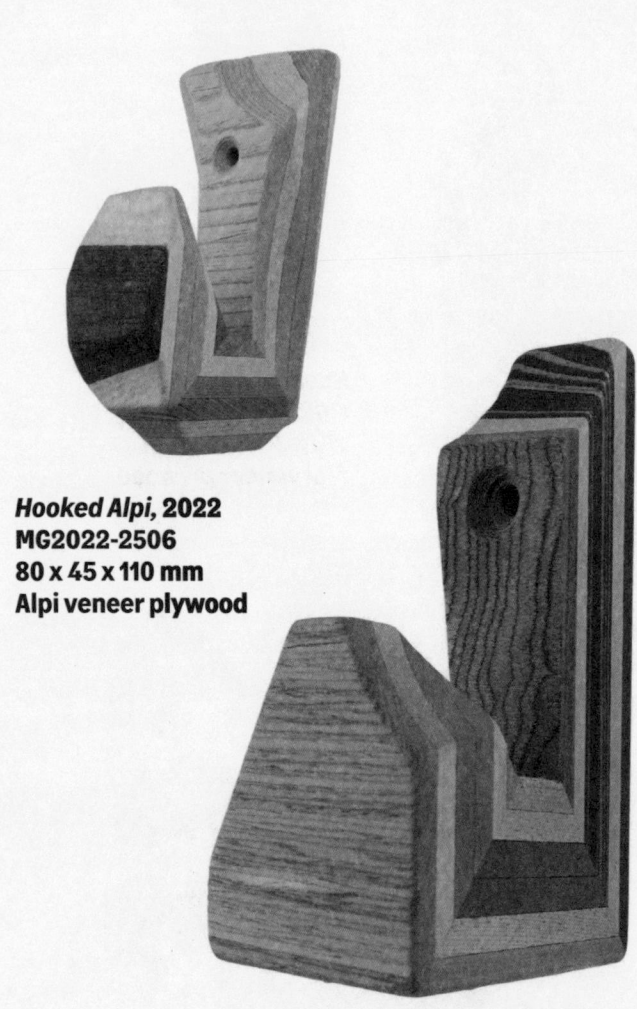

Hooked Alpi, **2022**
MG2022-2506
80 x 45 x 110 mm
Alpi veneer plywood

Hooked Alpi, **2022**
MG2022-2507
80 x 25 x 110 mm
Alpi veneer plywood

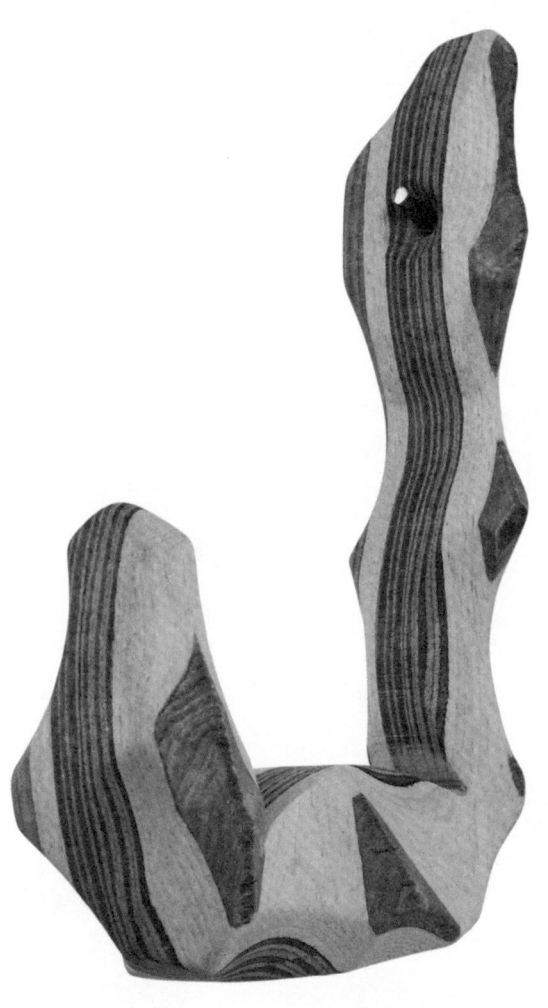

Hooked Alpi, 2022
MG2022-2509
100 x 35 x 150 mm
Alpi veneer plywood

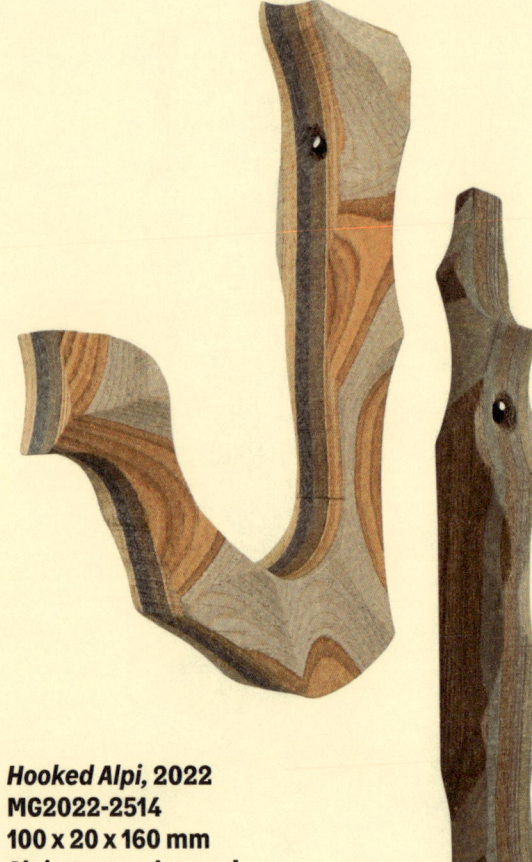

Hooked Alpi, 2022
MG2022-2514
100 x 20 x 160 mm
Alpi veneer plywood

Hooked Alpi, 2022
MG2022-2515
75 x 30 x 250 mm
Alpi veneer plywood

Hooked Alpi, 2022
MG2022-2516
165 x 60 x 270 mm
Alpi veneer plywood

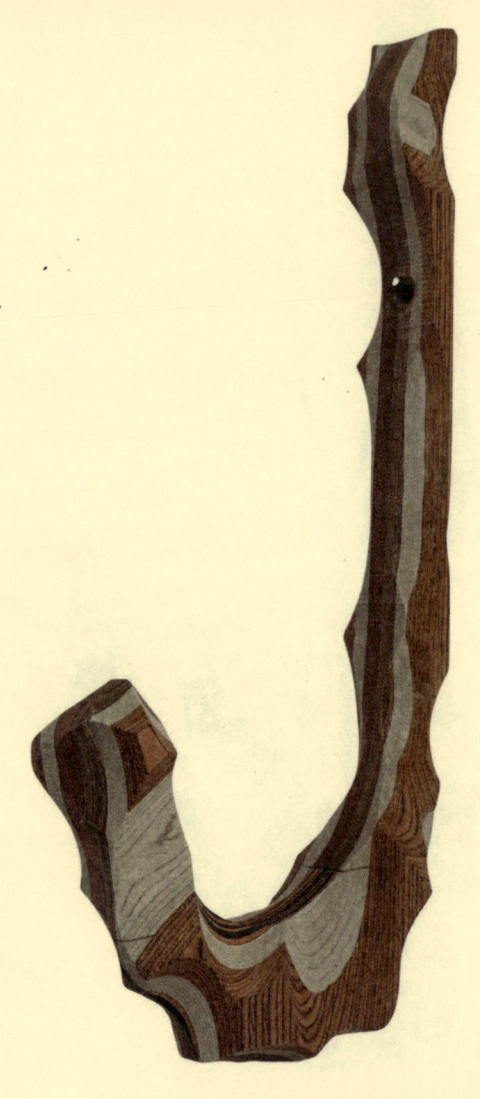

***Hooked Alpi,* 2022**
MG2022-2517
170 x 35 x 320 mm
Alpi veneer plywood

Hooked Alpi, 2022
MG2022-2519
120 x 35 x 160 mm
Alpi veneer plywood

Hooked Alpi, 2022
MG2022-2520
90 x 35 x 230 mm
Alpi veneer plywood

Hooked Alpi, 2022
MG2022-2524
80 x 25 x 110 mm
Alpi veneer plywood

Hooked Alpi, 2022
MG2022-2523
60 x 30 x 100 mm
Alpi veneer plywood

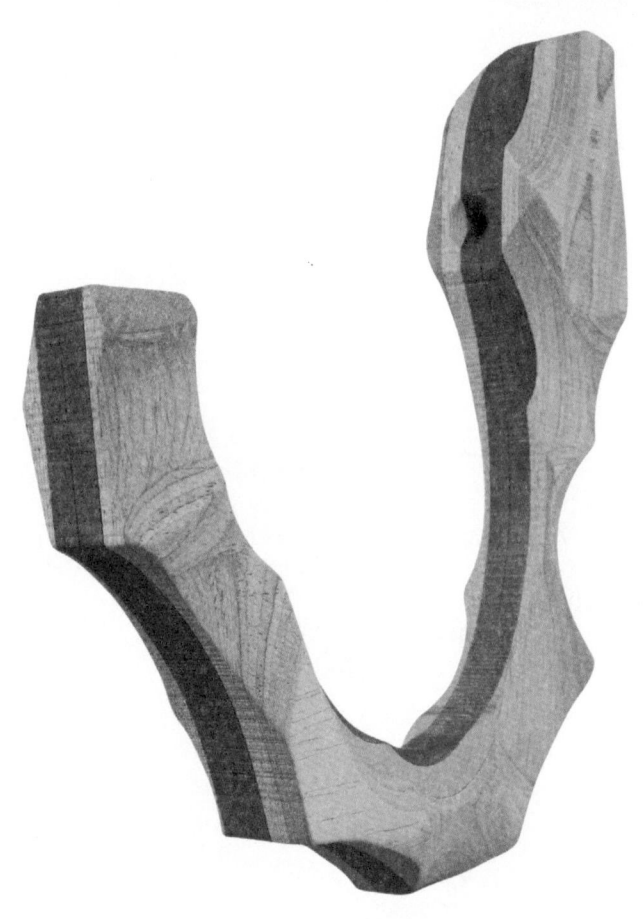

Hooked Alpi, 2022
MG2022-2525
180 x 35 x 190 mm
Alpi veneer plywood

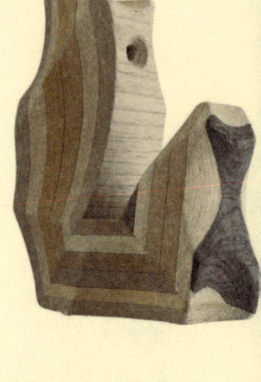

Hooked Alpi, 2022
MG2022-2526
140 x 30 x 21 mm
Alpi veneer plywood

Hooked Alpi, 2022
MG2022-2527
70 x 55 x 110 mm
Alpi veneer plywood

Hooked Alpi, 2022
MG2022-2528
45 x 25 x 70 mm
Alpi veneer plywood

Hooked Alpi, 2022
MG2022-2530
40 x 25 x 135 mm
Alpi veneer plywood

Hooked Alpi, 2022
MG2022-2529
70 x 35 x 260 mm
Alpi veneer plywood

Hooked Alpi, 2022
MG2022-2532
75 x 40 x 110 mm
Alpi veneer plywood

Hooked Alpi, 2022
MG2022-2531
150 x 35 x 300 mm
Alpi veneer plywood

Hooked Alpi, 2022
MG2022-2534
75 x 30 x 110 mm
Alpi veneer plywood

Hooked Alpi, 2022
MG2022-2533
100 x 30 x 190 mm
Alpi veneer plywood

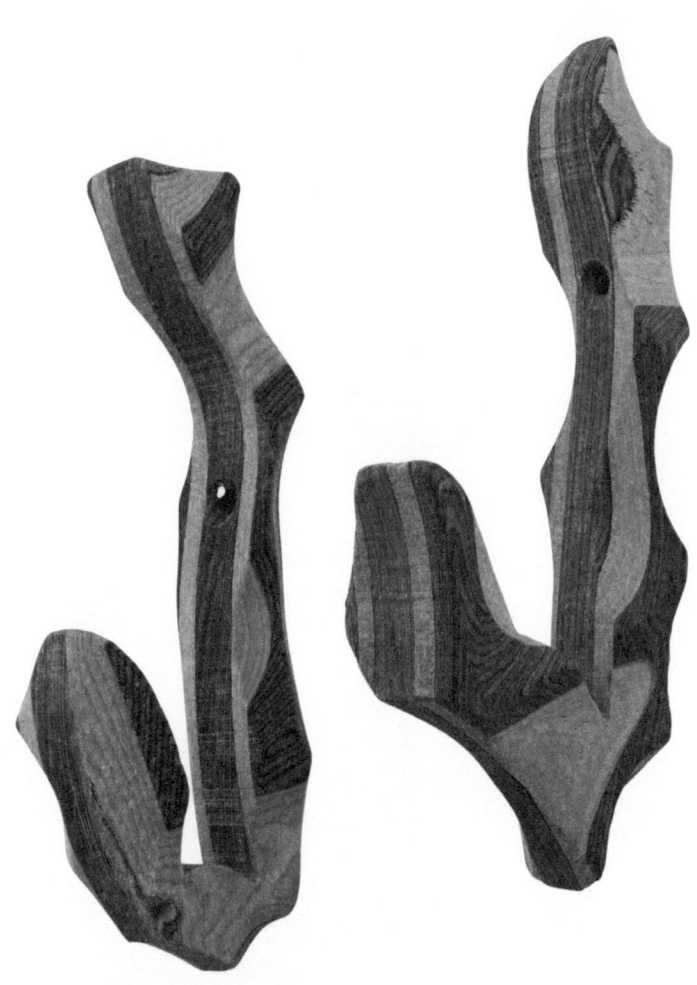

Hooked Alpi, 2022
MG2022-2541
80 x 30 x 175 mm
Alpi veneer plywood

Hooked Alpi, 2022
MG2022-2542
90 x 30 x 180 mm
Alpi veneer plywood

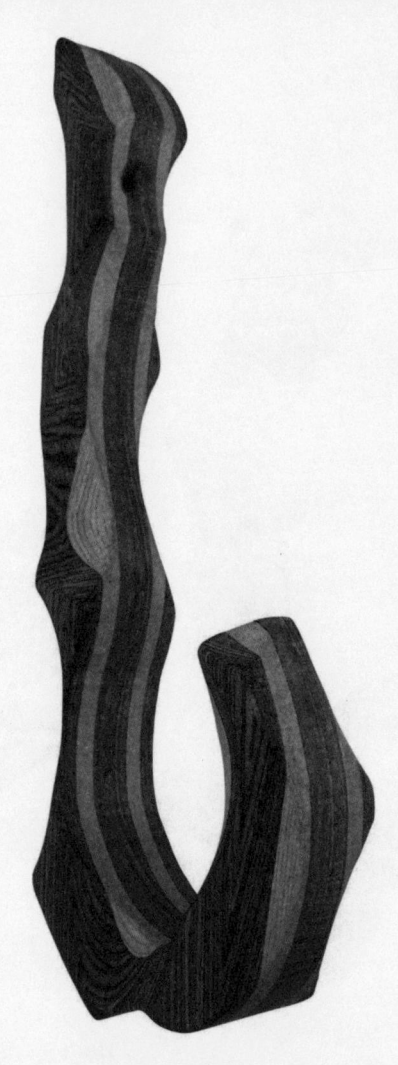

Hooked Alpi, 2022
MG2022-2565
105 x 25 x 260 mm
Alpi veneer plywood

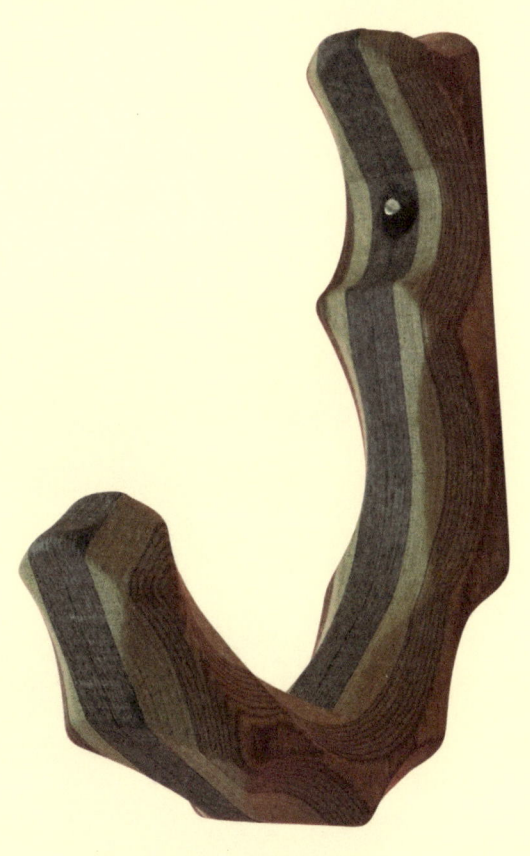

Hooked Alpi, 2022
MG2022-2566
110 x 30 x 140 mm
Alpi veneer plywood

Hooked Alpi, 2022
MG2022-2562
75 x 30 x 125 mm
Alpi veneer plywood

Hooked Alpi, 2022
MG2022-2564
90 x 55 x 125 mm
Alpi veneer plywood

Hooked Alpi, 2022
MG2022-2568
90 x 25 x 150 mm
Alpi veneer plywood

Hooked Alpi, 2022
MG2022-2567
85 x 30 x 240 mm
Alpi veneer plywood

Hooked Alpi, 2022
MG2022-2569
135 x 30 x 165 mm
Alpi veneer plywood

Hooked Alpi, 2022
MG2022-2570
100 x 25 x 240 mm
Alpi veneer plywood

Hooked Alpi, 2022
MG2022-2572
55 x 30 x 110 mm
Alpi veneer plywood

Hooked Alpi, 2022
MG2022-2583
125 x 30 x 130 mm
Alpi veneer plywood

Hooked Alpi, 2022
MG2022-2584
130 x 30 x 200 mm
Alpi veneer plywood

Hooked Alpi, 2022
MG2022-2586
70 x 50 x 110 mm
Alpi veneer plywood

Hooked Alpi, 2022
MG2022-2585
125 x 45 x 210 mm
Alpi veneer plywood

Hooked Alpi, 2022
MG2022-2587
110 x 30 x 255 mm
Alpi veneer plywood

Hooked Alpi, 2022
MG2022-2588
170 x 40 x 285 mm
Alpi veneer plywood

Hooked Alpi, 2022
MG2022-2589
135 x 30 x 250 mm
Alpi veneer plywood

Hooked Alpi, 2022
MG2022-2590
100 x 35 x 215 mm
Alpi veneer plywood

Hooked Alpi, 2022
MG2022-2591
140 x 30 x 310 mm
Alpi veneer plywood

Hooked Alpi, 2022
MG2022-2597
160 x 35 x 295 mm
Alpi veneer plywood

Hooked Alpi, 2022
MG2022-2598
95 x 35 x 250 mm
Alpi veneer plywood

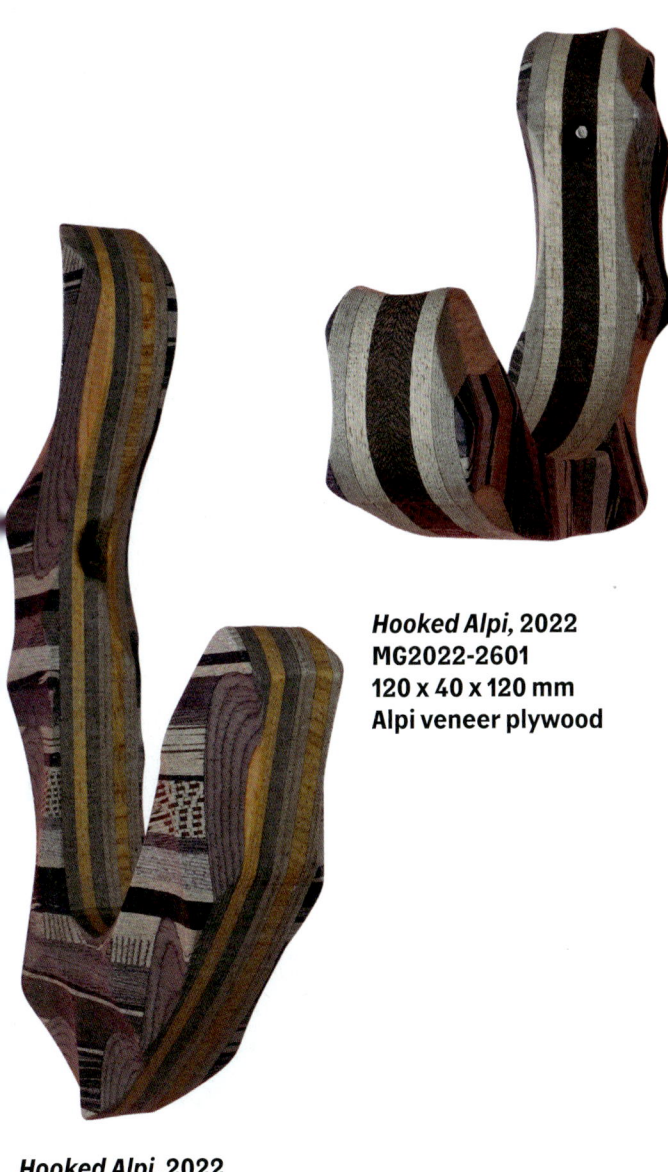

Hooked Alpi, 2022
MG2022-2601
120 x 40 x 120 mm
Alpi veneer plywood

Hooked Alpi, 2022
MG2022-2600
130 x 25 x 190 mm
Alpi veneer plywood

Hooked Alpi, 2022
MG2022-2610
160 x 35 x 220 mm
Alpi veneer plywood

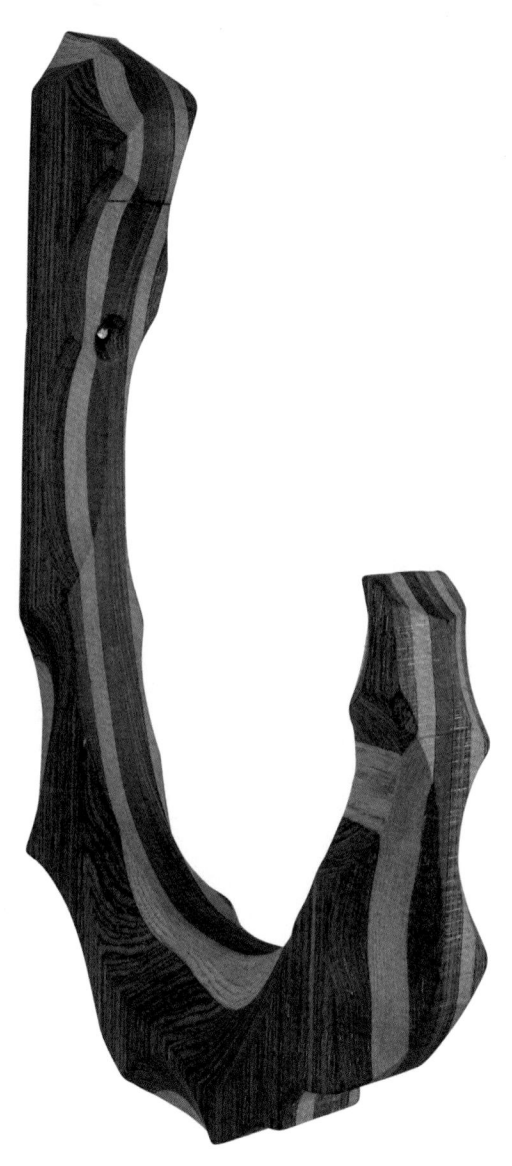

Hooked Alpi, 2022
MG2022-2611
160 x 30 x 280 mm
Alpi veneer plywood

Hooked Alpi, 2022
MG2022-2619
270 x 60 x 400 mm
Alpi veneer plywood

Hooked Alpi, 2023
MG2022-2204
65 x 35 x 165 mm
Alpi veneer plywood

Hooked Alpi, 2022
MG2022-2626
75 x 35 x 110 mm
Alpi veneer plywood

Hooked Alpi, 2022
MG2022-2629
110 x 25 x 130 mm
Alpi veneer plywood

Hooked Alpi, 2022
MG2022-2630
95 x 30 x 80 mm
Alpi veneer plywood

Hooked Alpi, 2022
MG2022-2632
50 x 25 x 150 mm
Alpi veneer plywood

Hooked Alpi, 2022
MG2022-2635
60 x 30 x 95 mm
Alpi veneer plywood

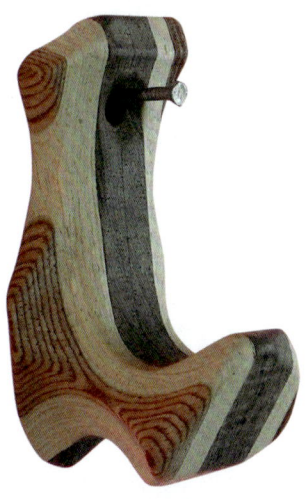

Hooked Alpi, 2022
MG2022-2636
55 x 30 x 80 mm
Alpi veneer plywood

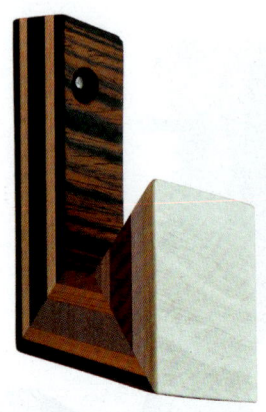

Hooked Alpi, 2022
MG2022-2642
75 x 60 x 105 mm
Alpi veneer plywood

Hooked Alpi, 2022
MG2022-2647
80 x 50 x 120 mm
Alpi veneer plywood

Hooked Alpi, 2022
MG2022-2648
75 x 25 x 105 mm
Alpi veneer plywood

Hooked Alpi, 2022
MG2022-2649
80 x 60 x 105 mm
Alpi veneer plywood

Hooked Alpi, 2022
MG2022-2652
75 x 80 x 105 mm
Alpi veneer plywood

Hooked Alpi, 2022
MG2022-2653
75 x 50 x 100 mm
Alpi veneer plywood

Hooked Alpi, 2022
MG2023-2798
150 x 30 x 200 mm
Alpi veneer plywood

Hooked Alpi, 2022
MG2023-2799
115 x 30 x 170 mm
Alpi veneer plywood

Hooked Alpi, 2022
MG2023-2800
230 x 30 x 220 mm
Alpi veneer plywood

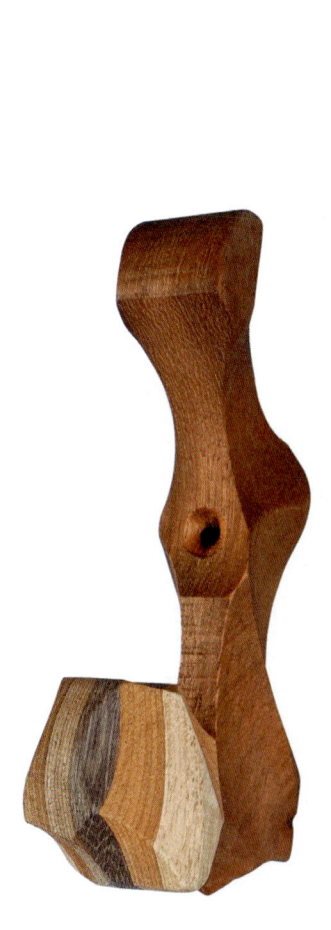

Hooked Tree, 2023
MG2023-2802
75 x 25 x 205 mm
Iroko, acacia

Hooked Alpi, 2022
MG2023-2801
100 x 25 x 145 mm
Alpi veneer plywood,
elm

Hooked Alpi, 2022
MG2023-2803
70 x 35 x 100 mm
Alpi veneer plywood, elm

Hooked Alpi, 2022
MG2023-2804
115 x 30 x 150 mm
Alpi veneer plywood

Hooked Alpi, 2022
MG2023-2806
100 x 30 x 190 mm
Alpi veneer plywood, elm

Hooked Tree, 2023
MG2023-2805
105 x 15 x 140 mm
Iroko, acacia

Hooked Alpi, 2022
MG2023-2807
95 x 30 x 90 mm
Alpi veneer plywood

Hooked Alpi, 2022
MG2023-2808
170 x 30 x 250 mm
Alpi veneer plywood, poplar

Hooked Alpi, 2022
MG2023-2809
165 x 35 x 250 mm
Alpi veneer plywood

Hooked Alpi, 2022
MG2023-2810
140 x 40 x 200 mm
Alpi veneer plywood, poplar

Hooked Alpi, 2022
MG2023-2811
135 x 25 x 215 mm
Alpi veneer plywood, poplar

Hooked Alpi, 2022
MG2023-2812
130 x 30 x 270 mm
Alpi veneer plywood

Hooked Alpi, 2022
MG2023-2813
100 x 30 x 200 mm
Alpi veneer plywood

Hooked Alpi, 2022
MG2023-2814
100 x 30 x 160 mm
Alpi veneer plywood

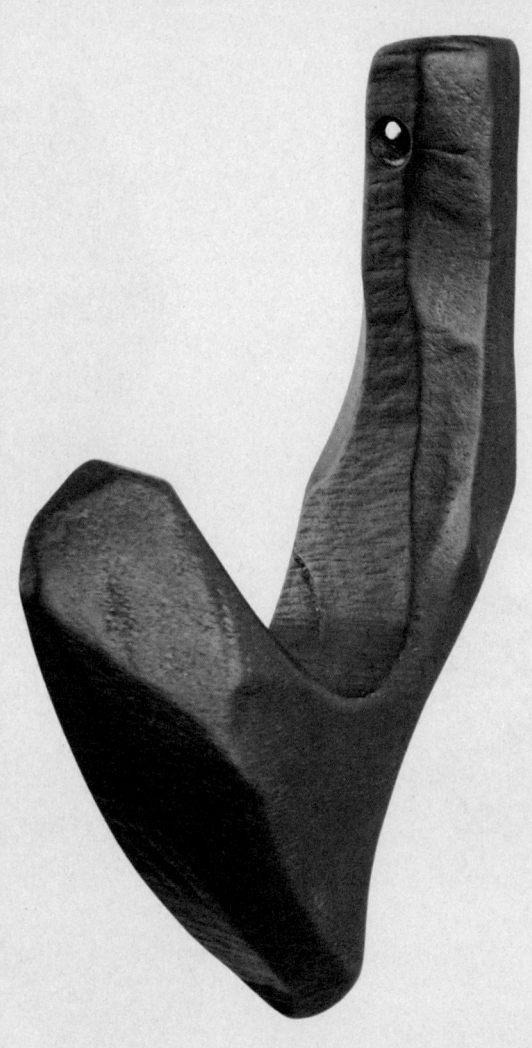

Hooked Misto, 2022
MG2022-2197
95 x 45 x 150 mm
London plane

Hooked Misto, 2022
MG2022-2199
65 x 30 x 140 mm
London plane

Hooked Misto, 2022
MG2022-2198
70 x 25 x 150 mm
London plane

Hooked Misto, 2022
MG2022-2200
65 x 15 x 155 mm
Acacia

Hooked Misto, 2022
MG2022-2201
65 x 30 x 140 mm
Acacia

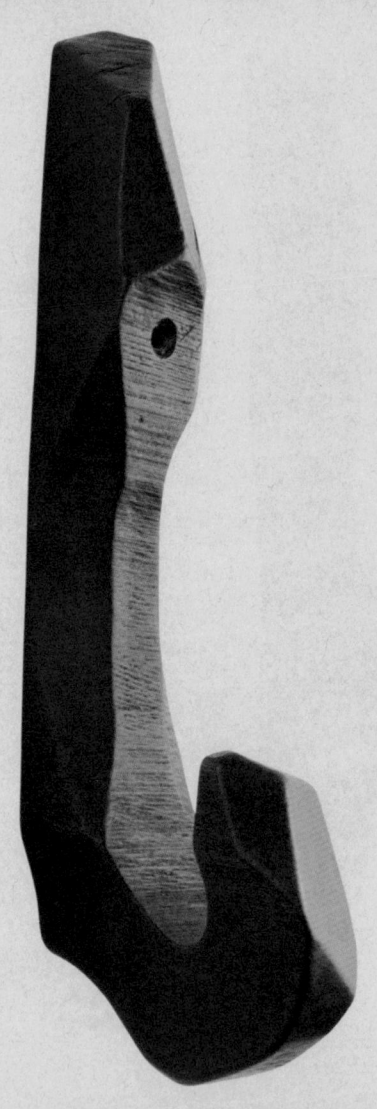

***Hooked Misto*, 2022**
MG2022-2202
85 x 50 x 250 mm
London plane

Hooked Misto, 2022
MG2022-2216
90 x 45 x 180 mm
Robinia

***Hooked Misto*, 2022**
MG2022-2217
80 x 20 x 140 mm
Robinia

***Hooked Misto*, 2022**
MG2022-2218
55 x 35 x 160 mm
Robinia

***Hooked Misto*, 2022**
MG2022-2219
60 x 30 x 165 mm
Robinia

***Hooked Misto*, 2022**
MG2022-2220
115 x 35 x 130 mm
Robinia

Hooked Misto, 2022
MG2022-2222
120 x 30 x 150 mm
Robinia

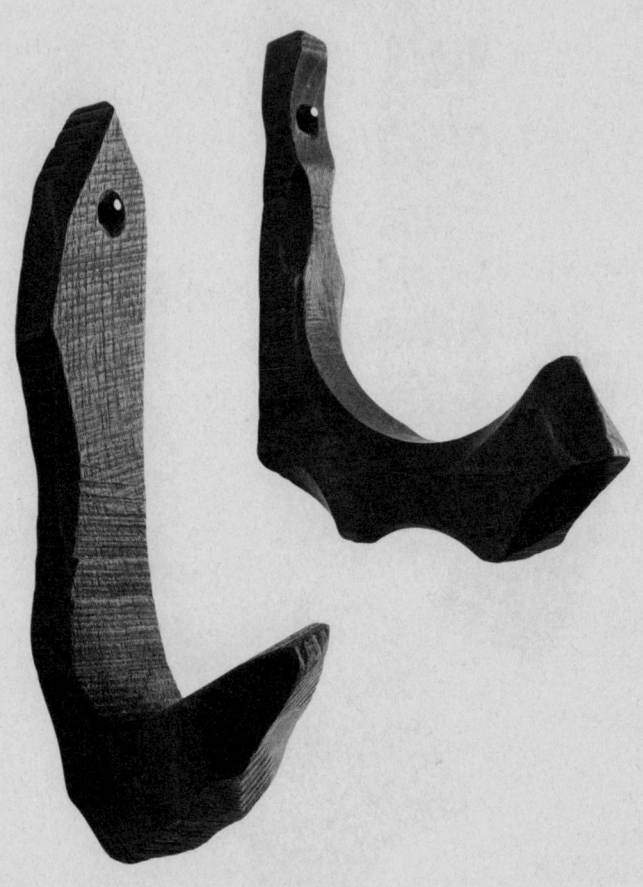

Hooked Misto, 2022
MG2022-2221
80 x 40 x 190 mm
Robinia

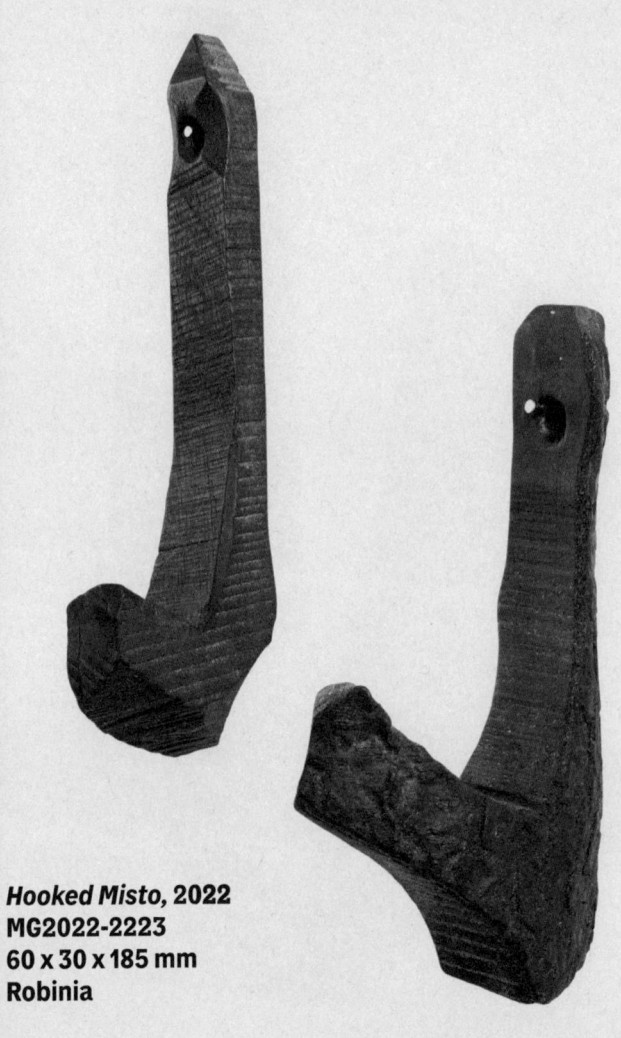

Hooked Misto, 2022
MG2022-2223
60 x 30 x 185 mm
Robinia

Hooked Misto, 2022
MG2022-2224
175 x 40 x 145 mm
Robinia

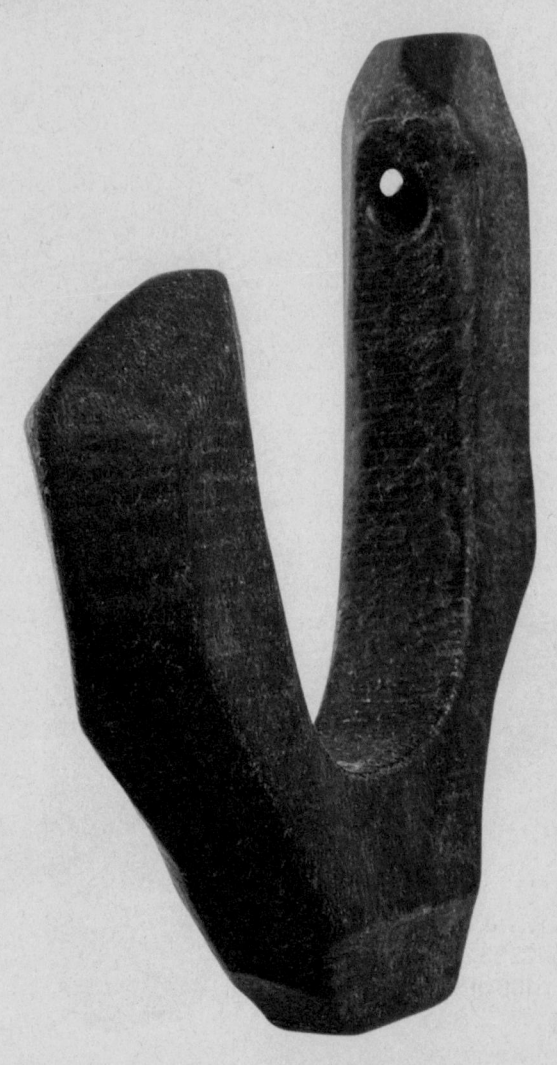

Hooked Misto, 2022
MG2022-2225
70 x 20 x 100 mm
Robinia

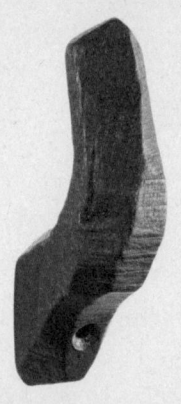

Hooked Misto, 2022
MG2022-2226
50 x 30 x 100 mm
Robinia

Hooked Misto, 2022
MG2022-2227
45 x 25 x 95 mm
Robinia

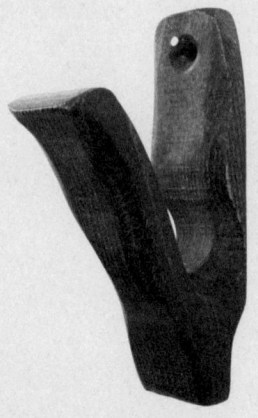

Hooked Misto, 2022
MG2022-2228
65 x 20 x 90 mm
Robinia

Hooked Misto, 2022
MG2022-2229
75 x 35 x 120 mm
Robinia

Hooked Misto, 2022
MG2022-2231
90 x 30 x 120 mm
Robinia

Twig Hook, 2019
MG2019-2552
70 x 15 x 150 mm
Whittled branch

Twig Hook, 2019
MG2019-2553
60 x 15 x 105 mm
Whittled branch

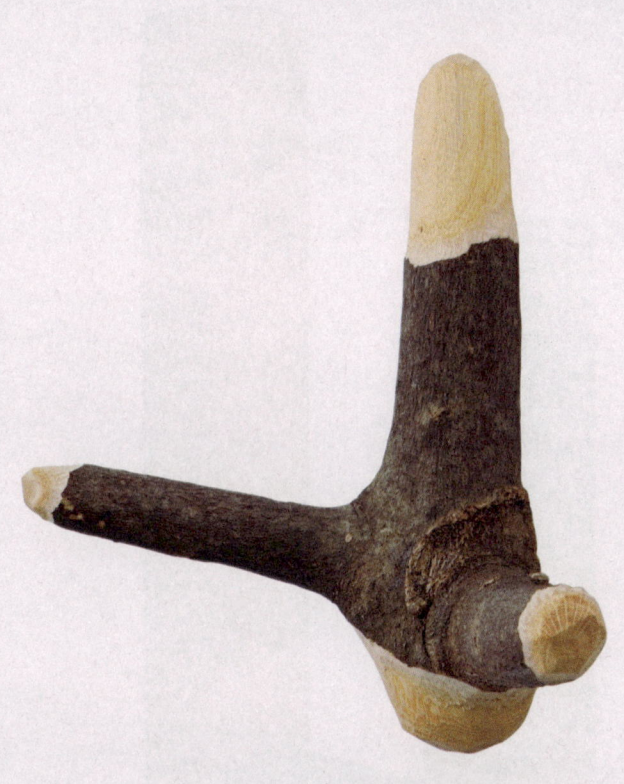

Twig Hook, 2019
MG2019-2554
90 x 100 x 70 mm
Whittled branch

Round Hook, 2023
MG2023-2711
125 x 40 x 205 mm
Oak, walnut, pine

Round Hook, 2023
MG2023-2712
150 x 40 x 240 mm
Oak, walnut, pine

Round Hook, 2023
MG2023-2713
140 x 40 x 270 mm
Oak, walnut, pine

Round Hook, 2023
MG2023-2714
120 x 40 x 250 mm
Oak, walnut, pine

Round Hook, 2023
MG2023-2715
165 x 45 x 270 mm
Oak, walnut, pine

Round Hook, 2023
MG2023-2716
140 x 40 x 220 mm
Oak, walnut, pine

Round Hook, 2023
MG2023-2717
150 x 40 x 250 mm
Oak, walnut, pine

Round Hook, 2023
MG2023-2718
135 x 40 x 260 mm
Oak, walnut, pine

Round Hook, 2023
MG2023-2719
180 x 230 x 440 mm
Oak, walnut, pine

Hooked Silver, 2023
MG2023-2720
90 x 30 x 150 mm
Acacia, silver wax

Hooked Silver, 2023
MG2023-2721
110 x 40 x 190 mm
Acacia, silver wax

Hooked Silver, 2023
MG2023-2722
80 x 30 x 170 mm
Acacia, silver wax

Hooked Silver, 2023
MG2023-2723
65 x 25 x 120 mm
Acacia, silver wax

***Painted Wood Hook*, 2023**
MG2023-3261
110 x 45 x 125 mm
Pine, paint

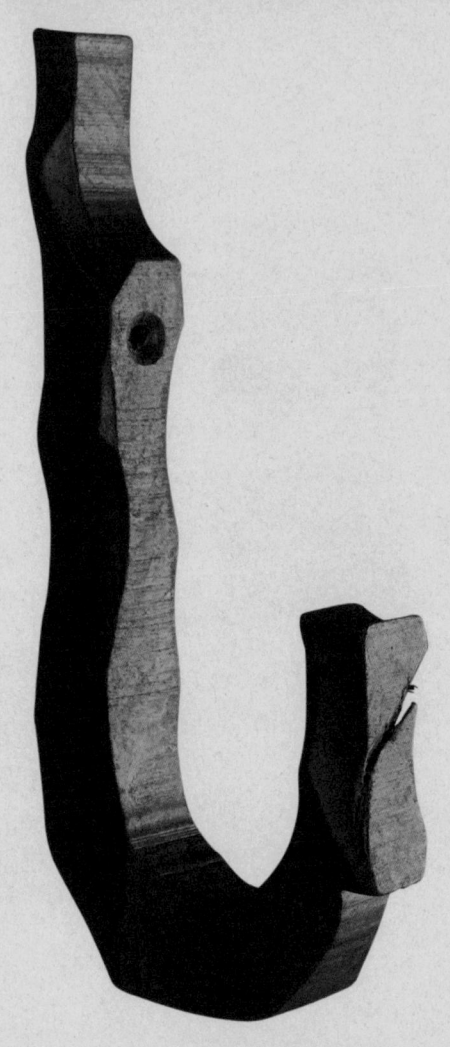

Hooked Silver, 2023
MG2023-2724
95 x 25 x 190 mm
Acacia, silver wax

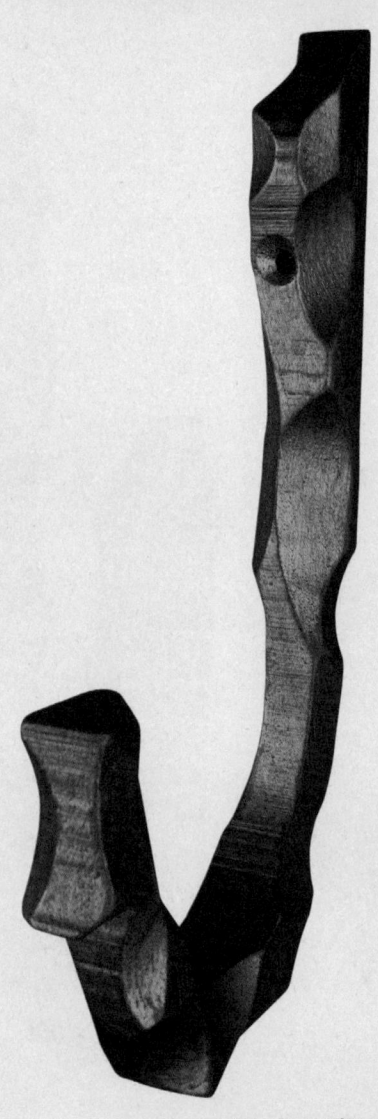

Hooked Silver, 2023
MG2023-2725
130 x 25 x 250 mm
Acacia, silver wax

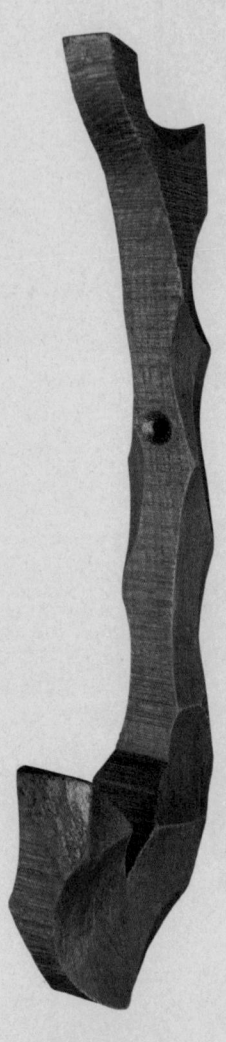 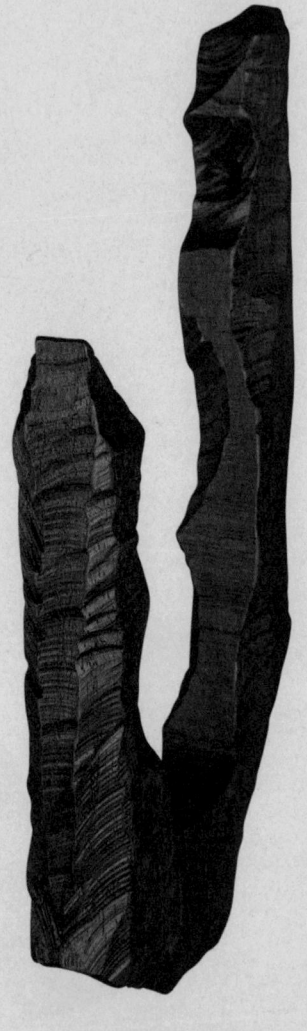

Hooked Silver, 2023
MG2023-2726
70 x 30 x 260 mm
Acacia, silver wax

Hooked Silver, 2023
MG2023-2727
140 x 30 x 260 mm
Acacia, silver wax

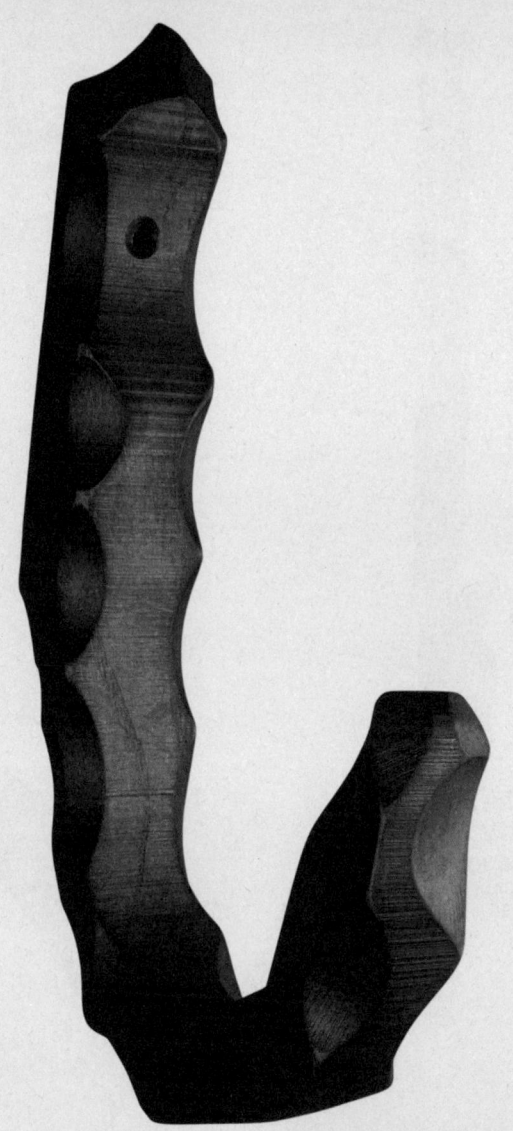

Hooked Silver, 2023
MG2023-2728
220 x 43 x 320 mm
Acacia, silver wax

Hooked Silver, 2023
MG2023-2729
100 x 30 x 400 mm
Acacia, silver wax

Hooked Silver, 2023
MG2023-2730
150 x 35 x 370 mm
Acacia, silver wax

Hooked Stick, 2023
MG2023-2761
125 x 40 x 200 mm
Strawberry tree

Hooked Stick, 2023
MG2023-2762
110 x 40 x 240 mm
Manaui manatu

Hooked Stick, 2023
MG2023-2763
140 x 40 x 290 mm
Manaui manatu

***Hooked Silver*, 2023**
MG2023-2766
70 x 30 x 260 mm
Acacia, silver wax

Hooked Tree, 2023
MG2023-2774
85 x 45 x 110 mm
Stained oak

Hooked Tree, 2023
MG2023-2768
90 x 80 x 140 mm
Stained oak

Hooked Tree, 2023
MG2023-2769
80 x 35 x 160 mm
Stained reclaimed zebrano

Hooked Tree, 2023
MG2023-2770
80 x 35 x 150 mm
Stained acacia

Hooked Tree, 2023
MG2023-2771
100 x 30 x 100 mm
Stained acacia

Hooked Tree, 2023
MG2023-2772
120 x 25 x 270 mm
Stained acacia

Hooked Tree, 2023
MG2023-2767
85 x 55 x 130 mm
Stained oak

Hooked Tree, 2023
MG2023-2773
160 x 25 x 280 mm
Stained acacia, iroko

Hooked Tree, 2023
MG2023-2775
160 x 30 x 300 mm
Walnut

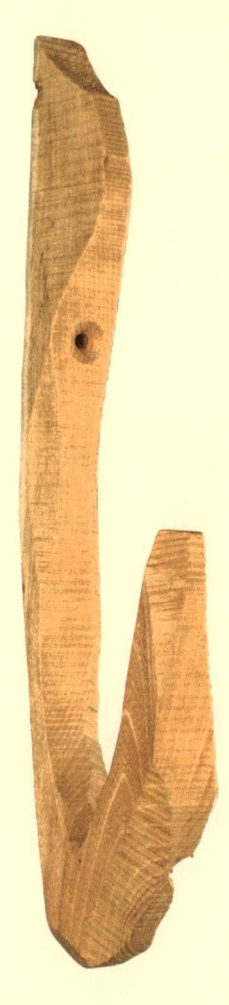
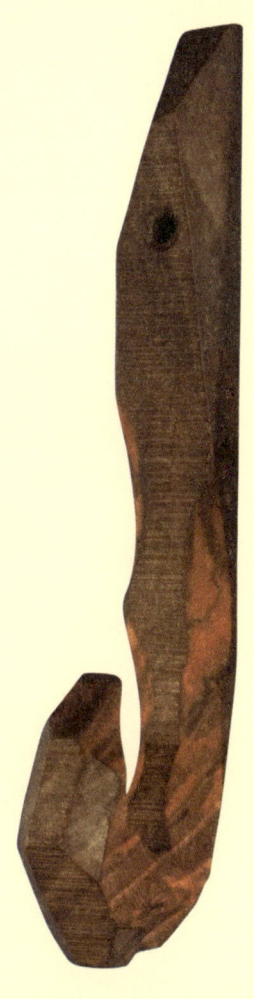

Hooked Tree, 2023
MG2023-2776
130 x 35 x 330 mm
Acacia

Hooked Tree, 2023
MG2023-2777
100 x 30 x 210 mm
Walnut

Hooked Tree, 2023
MG2023-2778
120 x 30 x 220 mm
Walnut

Hooked Tree, 2023
MG2023-2779
140 x 25 x 200 mm
Acacia

Hooked Tree, 2023
MG2023-2780
70 x 35 x 250 mm
Elm

Hooked Tree, 2023
MG2023-2781
130 x 35 x 280 mm
Elm

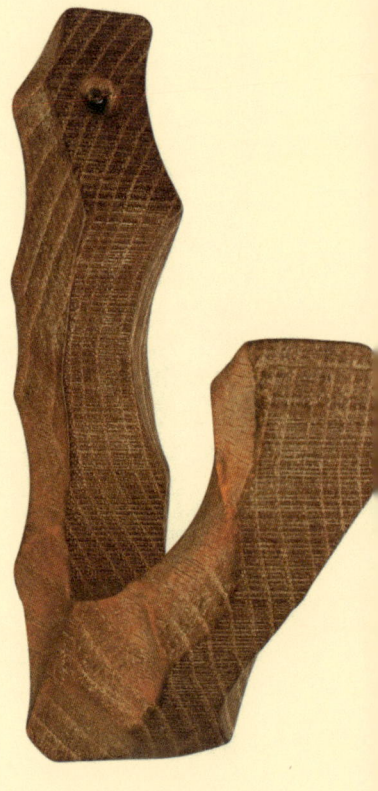

Hooked Tree, 2023
MG2023-2782
110 x 30 x 180 mm
Walnut

Hooked Tree, 2023
MG2023-2783
100 x 30 x 130 mm
Acacia

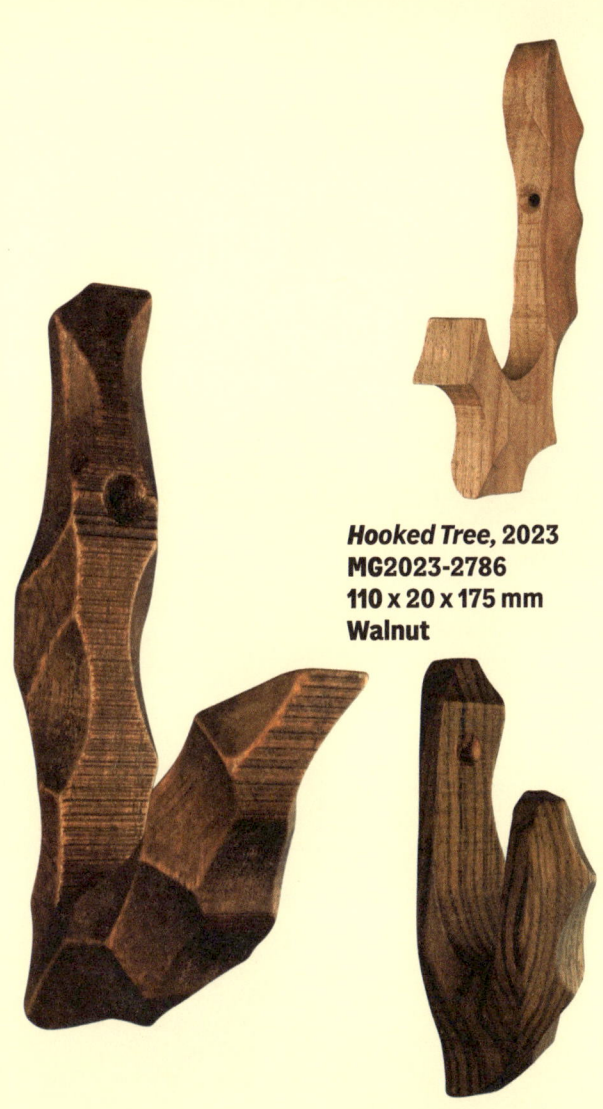

Hooked Tree, 2023
MG2023-2786
110 x 20 x 175 mm
Walnut

Hooked Tree, 2023
MG2023-2785
110 x 30 x 160 mm
Acacia

Hooked Tree, 2023
MG2023-2787
85 x 35 x 175 mm
Reclaimed zebrano

Hooked Tree, 2023
MG2023-2788
70 x 25 x 145 mm
Acacia

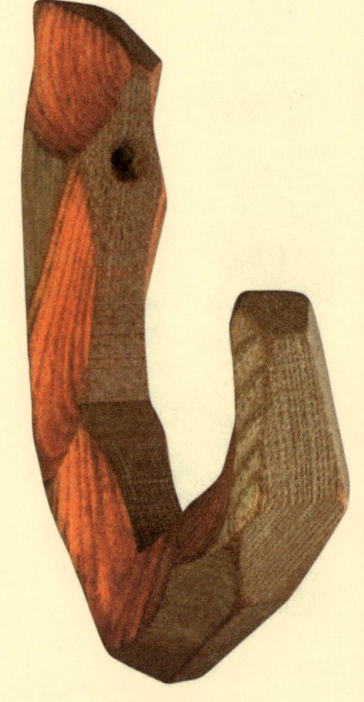

Hooked Tree, 2023
MG2023-2789
105 x 35 x 160 mm
Elm

Hooked Tree, 2022
MG2022-2620
220 x 35 x 450 mm
Elm

Hooked Tree, 2023
MG2023-2790
110 x 25 x 200 mm
Iroko, acacia

Hooked Tree, 2022
MG2022-2621
100 x 25 x 170 mm
Walnut

Hooked Tree, 2023
MG2023-2791
120 x 25 x 130 mm
Acacia

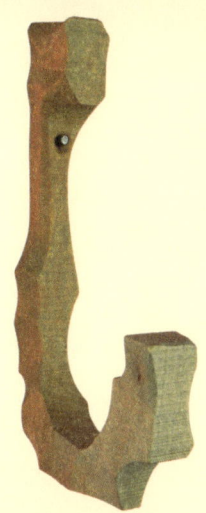

Hooked Tree, 2022
MG2022-2623
120 x 30 x 190 mm
Elm

Hooked Tree, 2022
MG2022-2624
140 x 35 x 180 mm
Elm

Hooked Tree, 2023
MG2023-2792
120 x 25 x 190 mm
Iroko, acacia

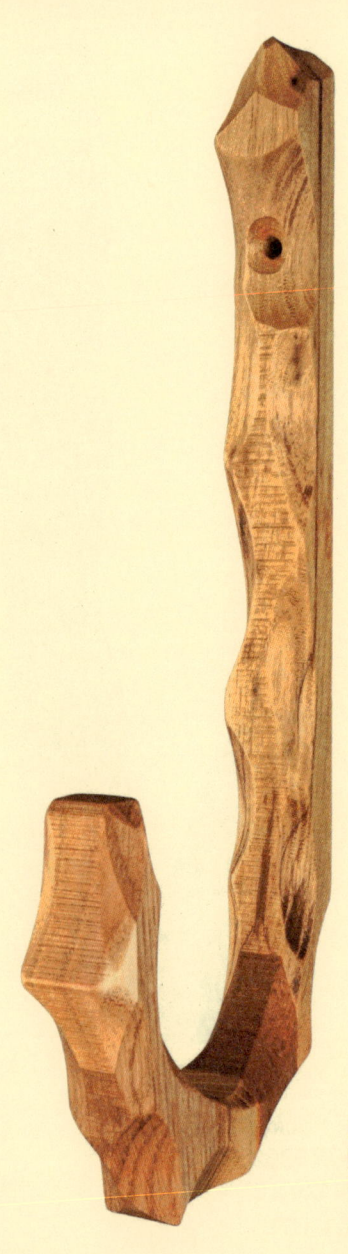

Hooked Tree, 2023
MG2023-2794
120 x 25 x 270 mm
Acacia

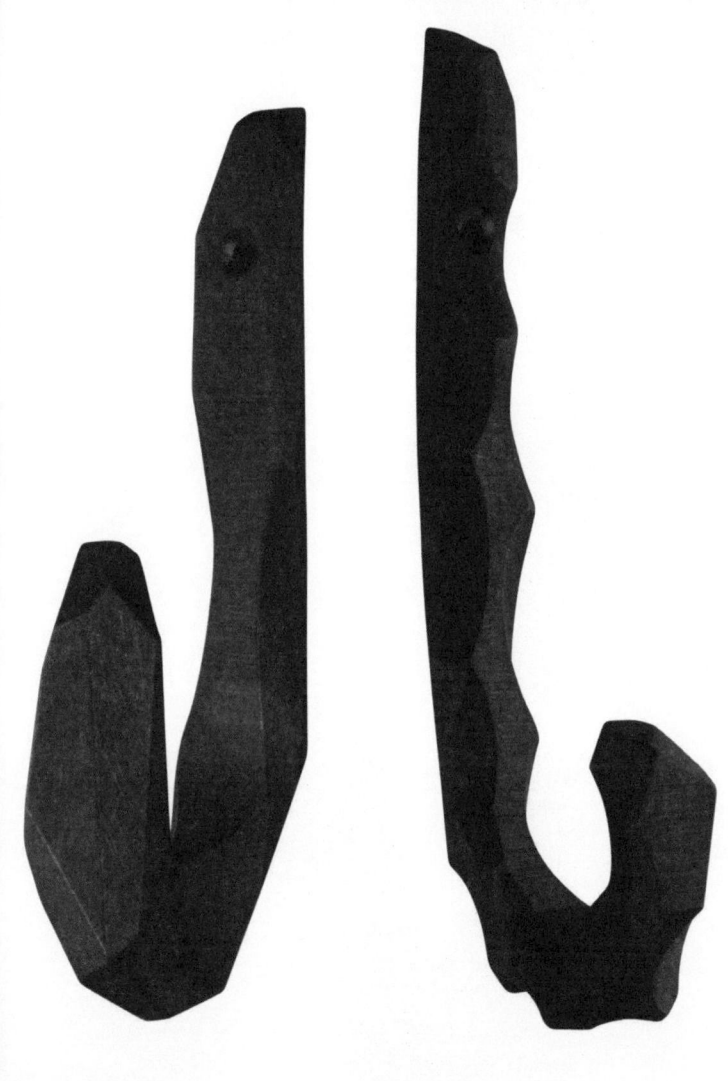

Hooked Tree, 2023
MG2023-2795
100 x 25 x 190 mm
Walnut

Hooked Tree, 2023
MG2023-2796
120 x 25 x 270 mm
Walnut

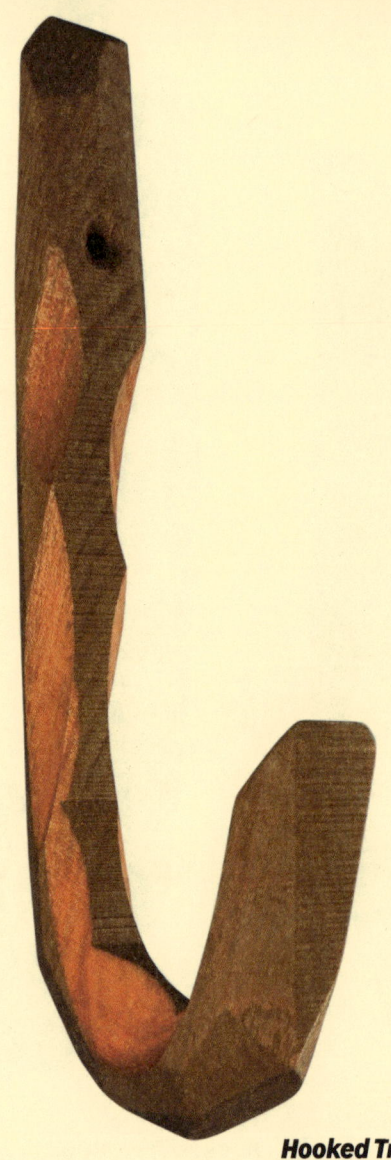

Hooked Tree, 2023
MG2023-2797
120 x 25 x 220 mm
Elm

Hook from Prism, 2023
MG2023-2835
150 x 80 x 190 mm
Beech, silver wax

Hook from Prism, 2023
MG2023-2836
160 x 120 x 180 mm
Beech, silver wax

***Hook from Torino*, 2023**
MG2023-2819
300 x 60 x 550 mm
Alpi veneer plywood,
furniture part, oak

Hook from Handle S, 2023
MG2023-2816
150 x 100 x 210 mm
Hickory axe handle,
Alpi veneer plywood

Hook from Handle M, 2023
MG2023-2817
285 x 100 x 310 mm
Hickory axe handle,
Alpi veneer plywood

Hook from Handle L, 2023
MG2023-2818
280 x 100 x 330 mm
Hickory axe handle,
Alpi veneer plywood

Hooked Misto, 2023
MG2023-2834
80 x 40 x 190 mm
Cherry

Corner Hook, 2023
MG2023-2910
235 x 180 x 280 mm
Walnut, powder
coated zinc alloy

Corner Hook, 2023
MG2023-2911
220 x 200 x 300 mm
Walnut, powder coated zinc alloy

Corner Hook, 2023
MG2023-2912
210 x 225 x 310 mm
Walnut, powder
coated zinc alloy

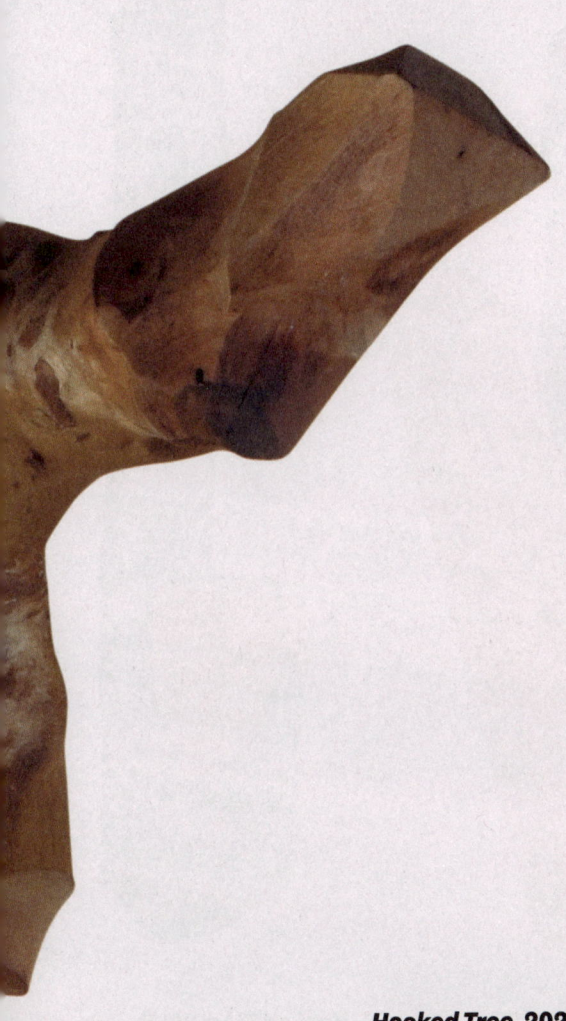

***Hooked Tree*, 2023**
MG2023-2925
190 x 190 x 140 mm
Kānuka

Hooked Tree, 2023
MG2023-2926
170 x 70 x 380 mm
Prune

Hooked Tree, 2023
MG2023-2927
120 x 80 x 400 mm
Wild cherry

Wood Stump Hook, 2023
MG2023-2929
120 x 250 x 240 mm
Grass root

Wood Stump Hook, 2023
MG2023-2930
180 x 280 x 270 mm
Grass root

Hooked Tree, 2023
MG2023-2984
130 x 75 x 330 mm
Wild cherry

Hooked Tree, 2023
MG2023-2985
150 x 50 x 420 mm
Kānuka

Hooked Tree, 2023
MG2023-2986
170 x 100 x 300 mm
Acacia

***Spiral Wood Hook,* 2023**
MG2023-3054
280 x 30 x 500 mm
Bentwood beech

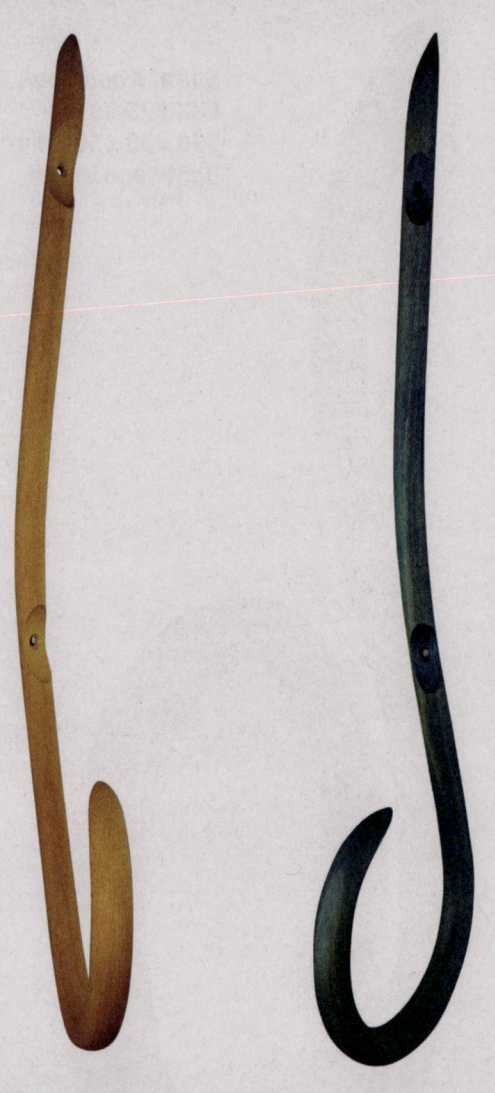

Spiral Wood Hook, 2023
MG2023-3055
175 x 30 x 590 mm
Bentwood beech

Spiral Wood Hook, 2023
MG2023-3057
160 x 25 x 570 mm
Bentwood beech

Spiral Wood Hook, 2023
MG2023-3056
275 x 25 x 480 mm
Bentwood beech

***Hooked Tree*, 2023**
MG2023-3059
80 x 40 x 85 mm
Rosewood

***Hooked Tree*, 2023**
MG2023-3060
125 x 70 x 150 mm
Cherry

Munched Dowel Hook, 2023
MG2023-3061
300 x 160 x 380 mm
Walnut, oak

Munched Dowel Hook, 2023
MG2023-3062
220 x 55 x 450 mm
Walnut, oak

Munched Dowel Hook, 2023
MG2023-3063
150 x 40 x 350 mm
Walnut, oak

***Zirm Hook*, 2023**
MG2023-3064
185 x 40 x 230 mm
Stone pine

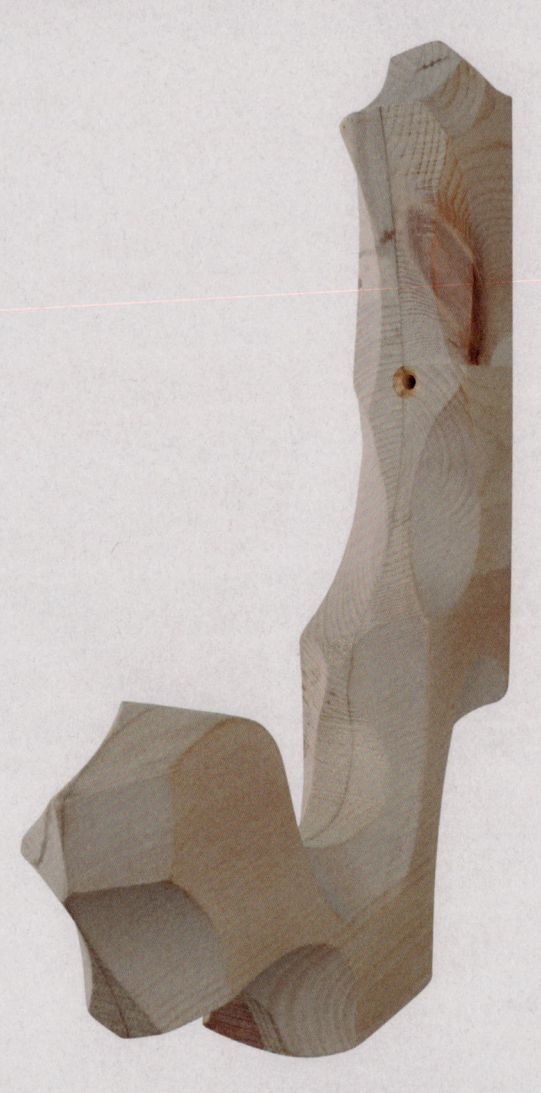

Zirm Hook, 2023
MG2023-3065
200 x 40 x 240 mm
Stone pine

Burl with Knob, 2023
MG2023-3066
240 x 200 x 330 mm
Maple burl, beech

***Ball and Ball Hook,* 2023**
MG2023-3067
90 x 90 x 110 mm
Beech, lacquer

Ball and Ball Hook, 2023
MG2023-3068
140 x 110 x 125 mm
Beech, lacquer

Ball and Ball Hook, 2023
MG2023-3069
120 x 120 x 125 mm
Beech, lacquer

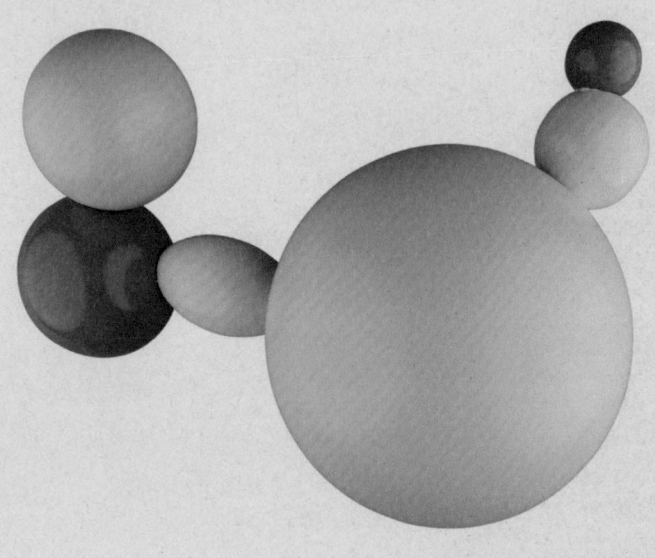

Ball and Ball Hook, 2023
MG2023-3070
200 x 260 x 220 mm
Beech, lacquer

Ball and Ball Hook, 2023
MG2023-3071
220 x 200 x 260 mm
Beech, lacquer

Ball and Ball Hook, 2023
MG2023-3072
200 x 160 x 230 mm
Beech, lacquer

Aluminium Grind, 2022
MG2022-2654
70 x 13 x 175 mm
Aluminium

Aluminium Grind, 2022
MG2022-2656
130 x 13 x 150 mm
Aluminium

Aluminium Grind, 2022
MG2022-2655
73 x 13 x 230 mm
Aluminium

Aluminium Grind, 2022
MG2022-2657
85 x 13 x 220 mm
Aluminium

Aluminium Grind, 2022
MG2022-2658
140 x 13 x 240 mm
Aluminium

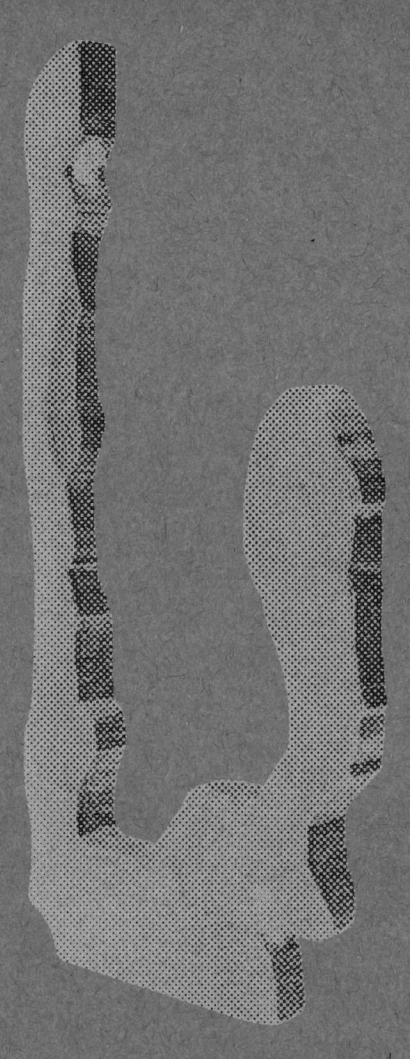

Aluminium Grind, 2022
MG2022-2659
95 x 13 x 200 mm
Aluminium

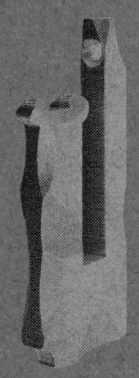

Aluminium Grind, 2022
MG2022-2660
55 x 13 x 130 mm
Aluminium

Aluminium Grind, 2022
MG2022-2661
60 x 10 x 170 mm
Aluminium

Aluminium Grind, 2022
MG2022-2662
75 x 10 x 130 mm
Aluminium

Aluminium Grind, 2022
MG2022-2663
55 x 13 x 175 mm
Aluminium

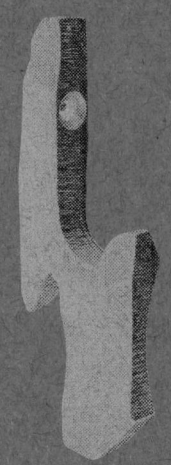

Aluminium Grind, 2022
MG2022-2665
50 x 13 x 120 mm
Aluminium

Aluminium Grind, 2022
MG2022-2664
100 x 13 x 180 mm
Aluminium

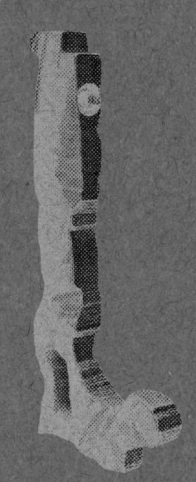

Aluminium Grind, 2022
MG2022-2666
65 x 13 x 150 mm
Aluminium

Aluminium Grind, 2022
MG2022-2667
80 x 13 x 120 mm
Aluminium

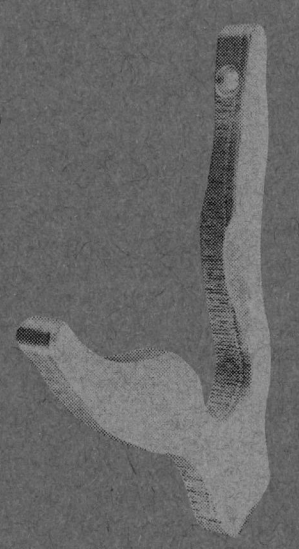

Aluminium Grind, 2022
MG2022-2668
90 x 13 x 140 mm
Aluminium

Aluminium Grind, 2022
MG2022-2669
90 x 10 x 140 mm
Aluminium

Aluminium Grind, 2022
MG2022-2671
70 x 13 x 160 mm
Aluminium

Aluminium Grind, 2022
MG2022-2670
30 x 13 x 90 mm
Aluminium

Aluminium Grind, 2022
MG2022-2672
50 x 10 x 115 mm
Aluminium

Aluminium Grind, 2022
MG2022-2673
35 × 13 × 90 mm
Aluminium

Aluminium Grind, 2022
MG2022-2674
110 x 10 x 220 mm
Aluminium

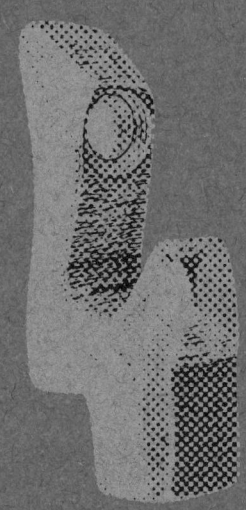

Aluminium Grind, 2022
MG2022-2678
20 x 10 x 50 mm
Aluminium

Aluminium Grind, 2022
MG2022-2679
35 x 12 x 60 mm
Aluminium

Aluminium Grind, 2022
MG2022-2681
23 x 12 x 35 mm
Aluminium

Aluminium Grind, 2022
MG2022-2680
30 x 12 x 60 mm
Aluminium

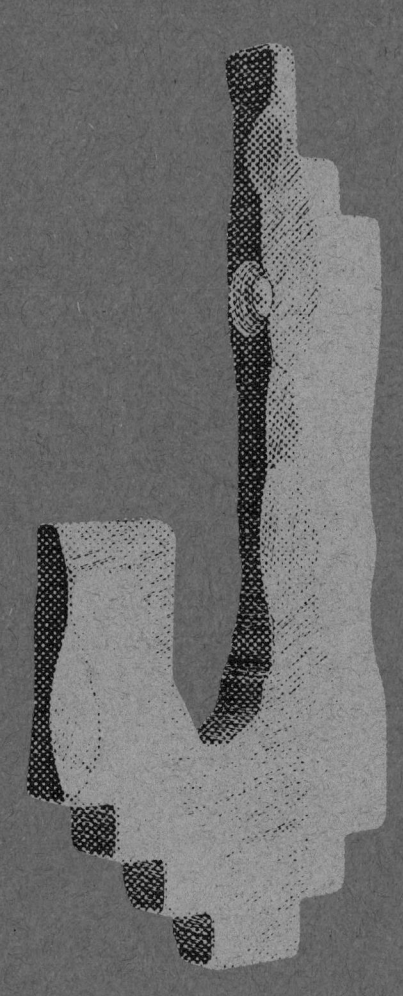

Aluminium Grind, 2022
MG2022-2682
55 x 12 x 120 mm
Aluminium

Flat Bent Hook, 2023
MG2023-2846
170 x 45 x 250 mm
Powder coated steel

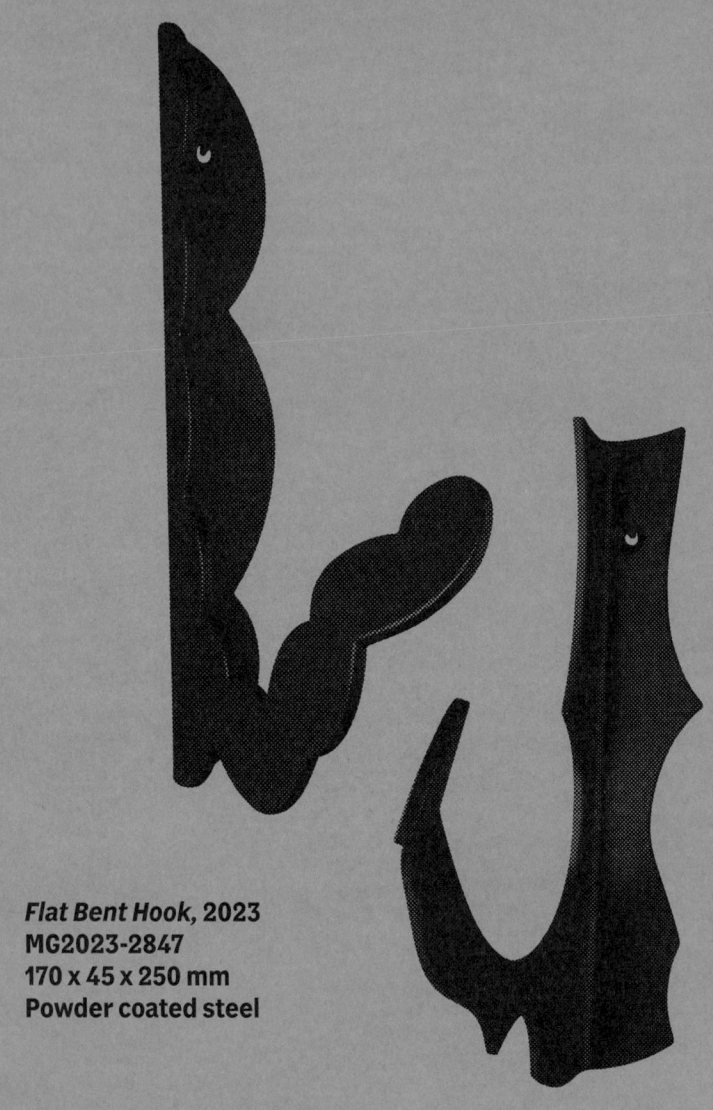

Flat Bent Hook, 2023
MG2023-2847
170 x 45 x 250 mm
Powder coated steel

Flat Bent Hook, 2023
MG2023-2848
190 x 50 x 250 mm
Powder coated steel

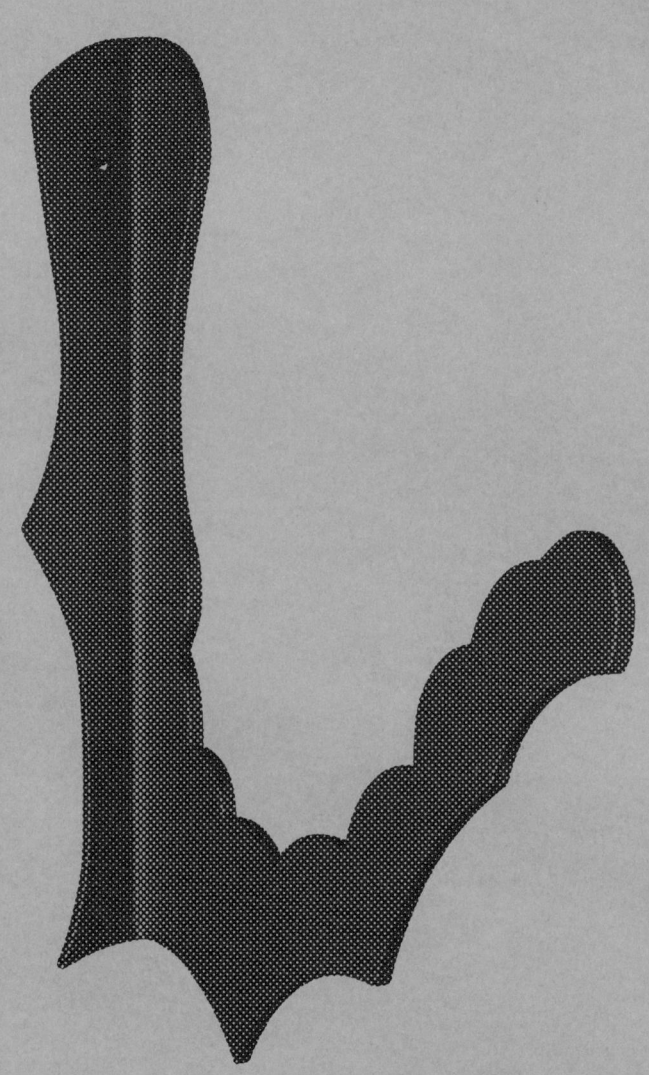

Flat Bent Hook, 2023
MG2023-2850
190 x 40 x 235 mm
Powder coated steel

Flat Bent Hook, 2023
MG2023-2851
210 x 45 x 250 mm
Powder coated steel

Flat Bent Hook, 2023
MG2023-2852
180 x 45 x 250 mm
Powder coated steel

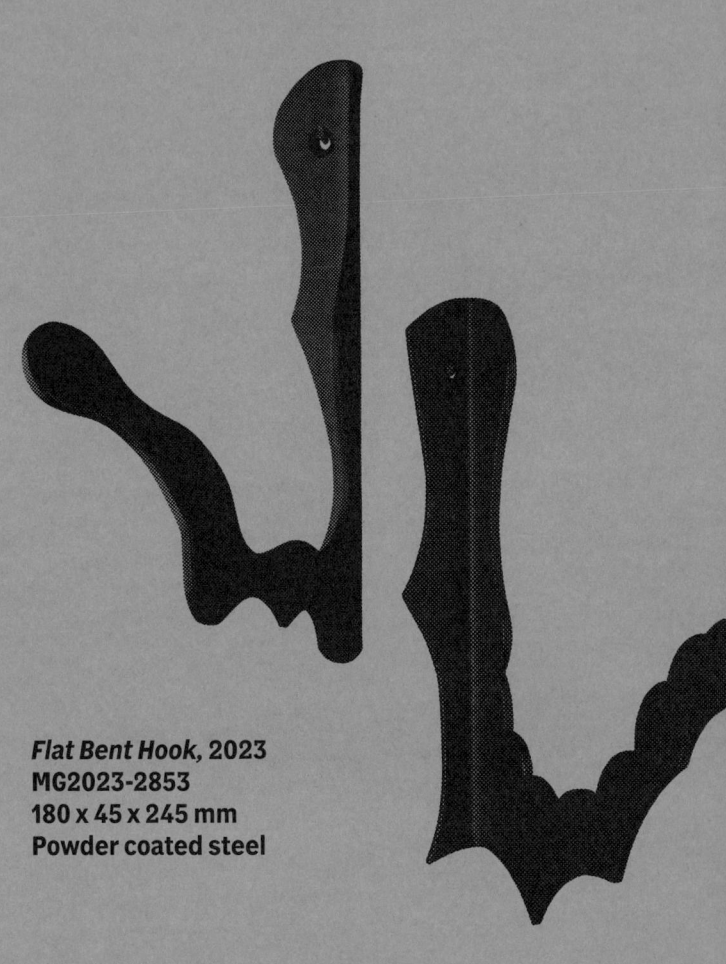

Flat Bent Hook, 2023
MG2023-2853
180 x 45 x 245 mm
Powder coated steel

Flat Bent Hook, 2023
MG2023-2854
200 x 40 x 250 mm
Powder coated steel

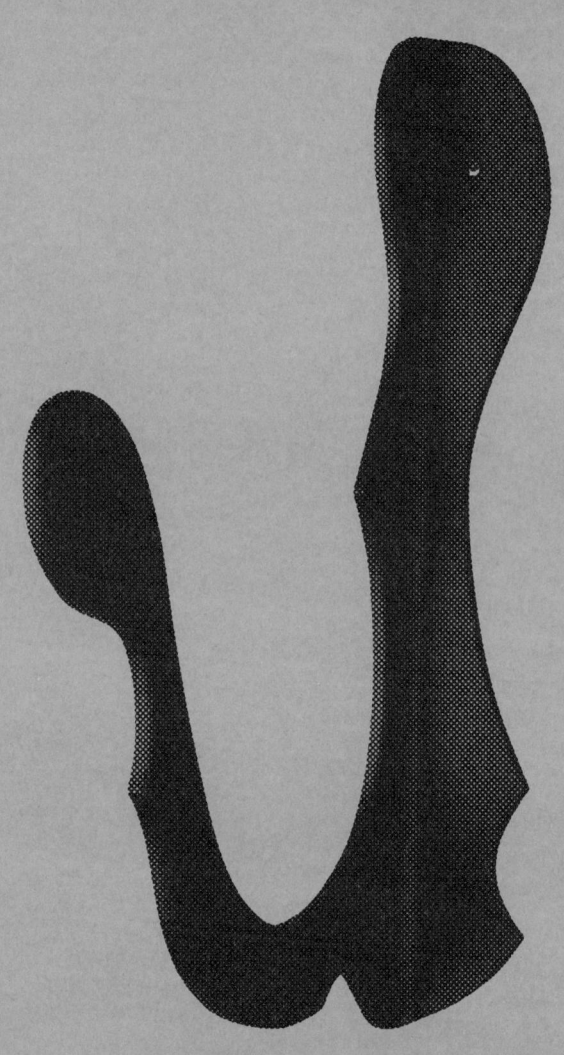

Flat Bent Hook, 2023
MG2023-2855
175 x 40 x 250 mm
Powder coated steel

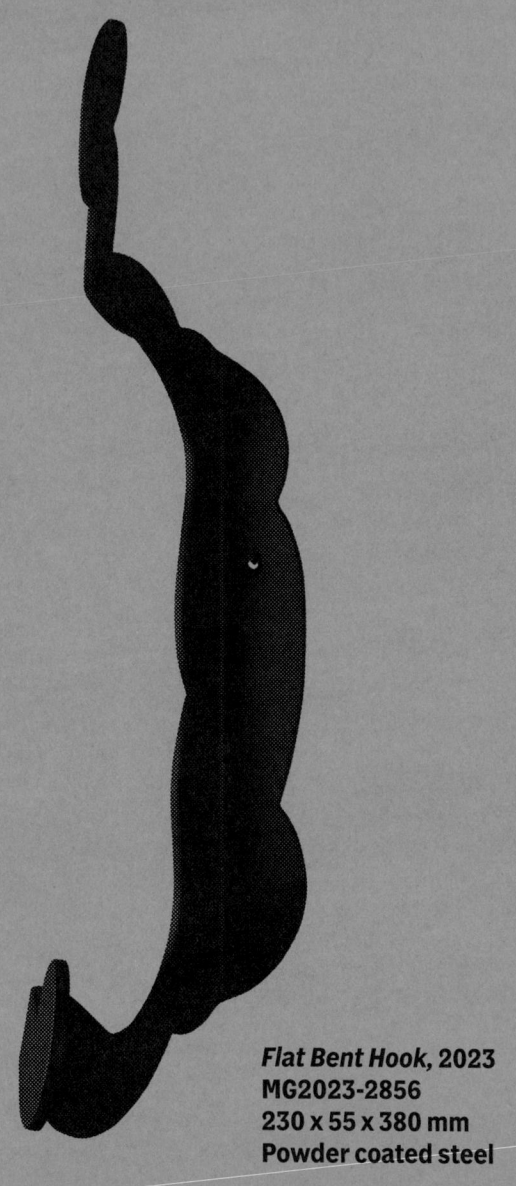

Flat Bent Hook, 2023
MG2023-2856
230 x 55 x 380 mm
Powder coated steel

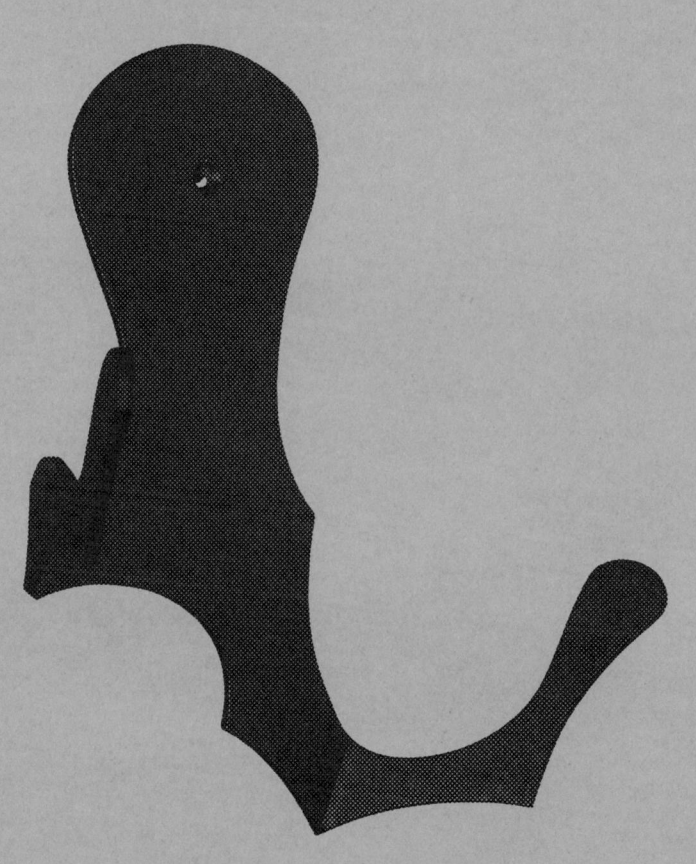

Flat Bent Hook, 2023
MG2023-2870
125 x 155 x 190 mm
Powder coated steel

Cut Powder Hook, 2023
MG2023-2894
180 x 55 x 190 mm
Powder coated steel

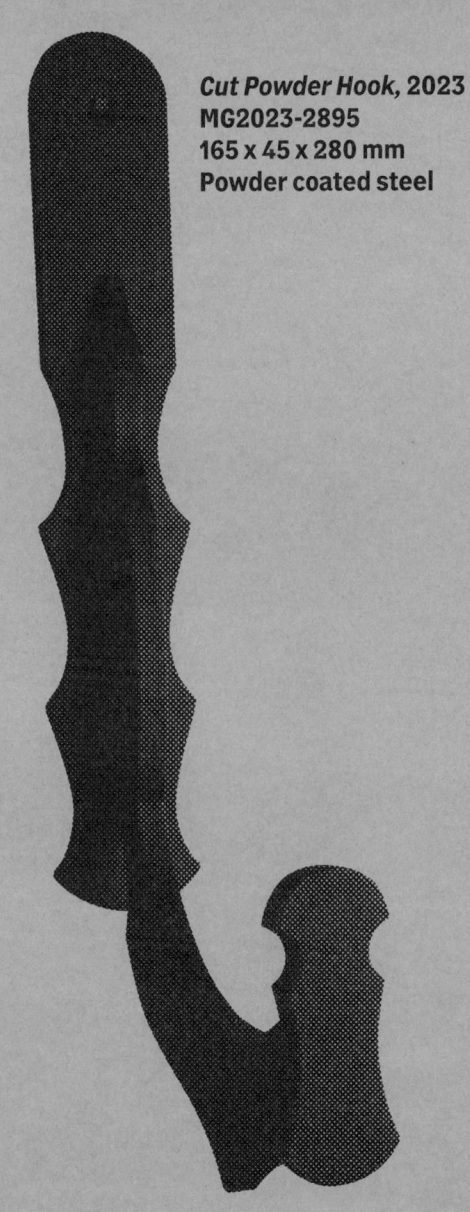

Cut Powder Hook, 2023
MG2023-2895
165 x 45 x 280 mm
Powder coated steel

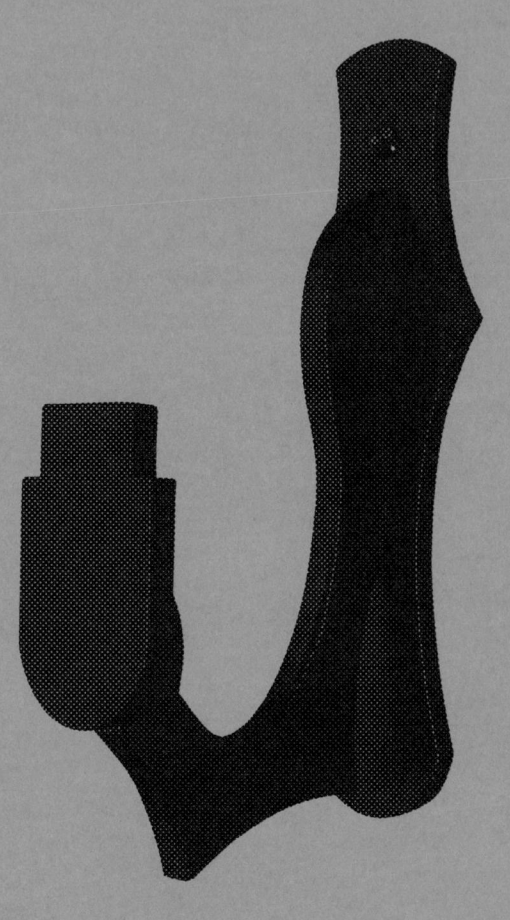

Cut Powder Hook, 2023
MG2023-2896
115 x 60 x 190 mm
Powder coated steel

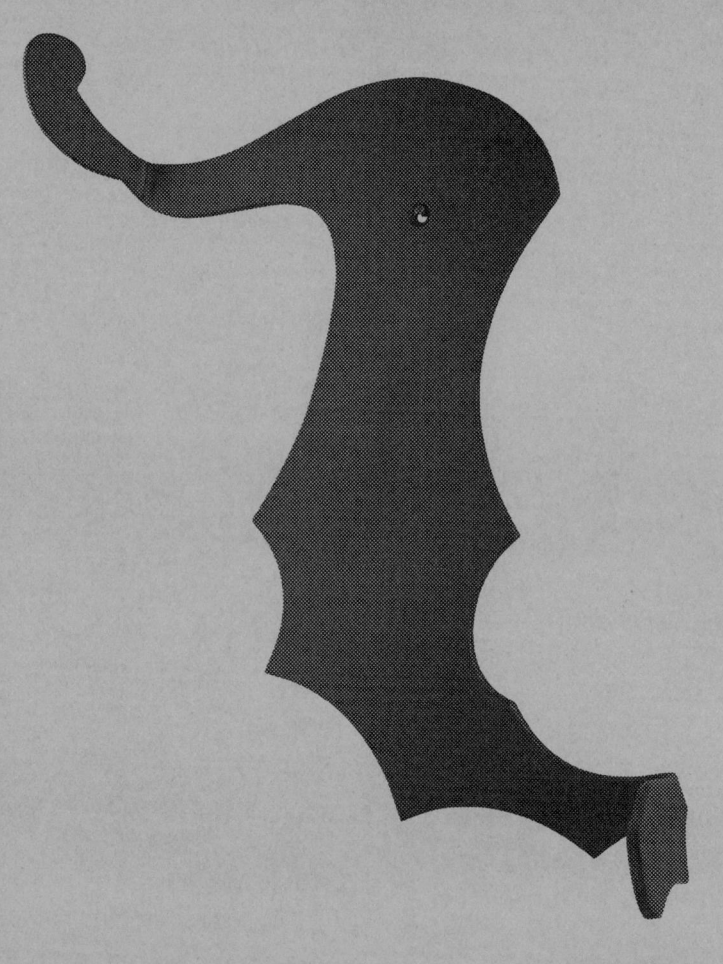

Flat Bent Hook, 2023
MG2023-3131
130 x 310 x 310 mm
Powder coated steel

Flat Bent Hook, 2023
MG2023-3132
130 x 310 x 300 mm
Powder coated steel

Flat Bent Hook, 2023
MG2023-2849
190 x 50 x 250 mm
Powder coated steel

Hook from Laser, 2023
MG2023-2824
190 x 45 x 310 mm
Stainless steel

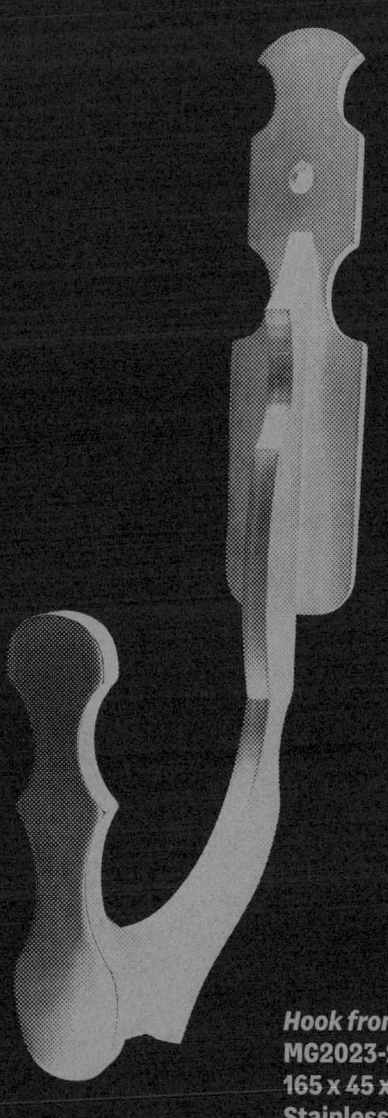

Hook from Laser, 2023
MG2023-2825
165 x 45 x 300 mm
Stainless steel

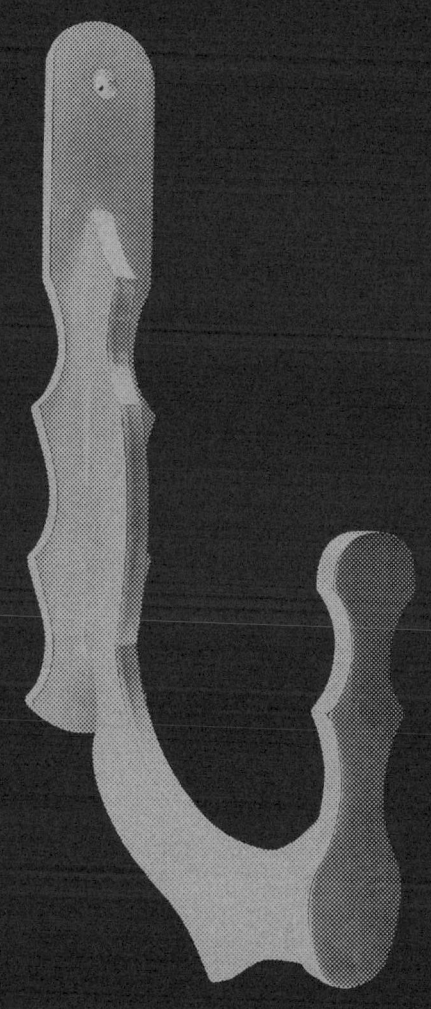

Hook from Laser, 2023
MG2023-2826
165 x 45 x 300 mm
Stainless steel

Hook from Laser, 2023
MG2023-2827
180 x 45 x 200 mm
Stainless steel

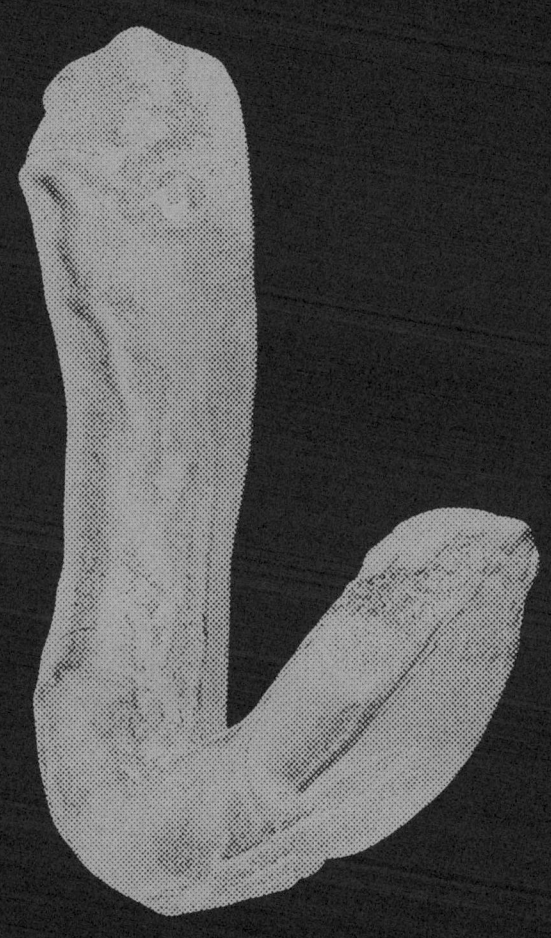

Hook from Sand, 2023
MG2023-2936
110 x 50 x 200 mm
Sandcast aluminium

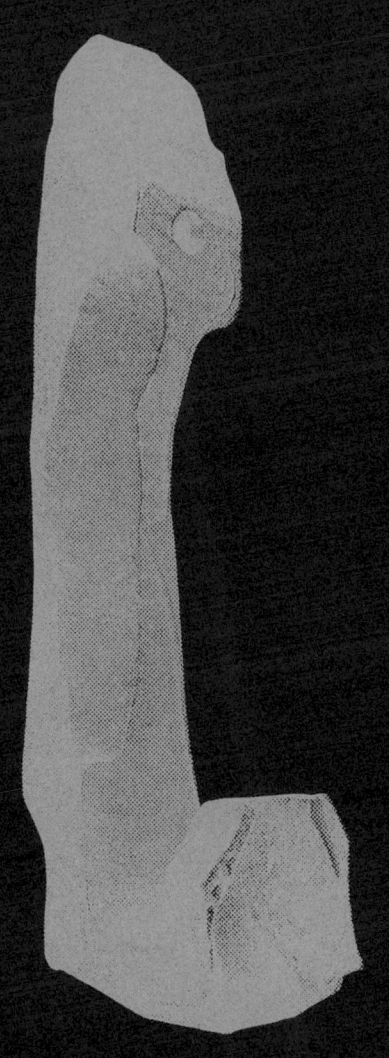

Hook from Sand, 2023
MG2023-2830
110 x 50 x 280 mm
Sandcast aluminium

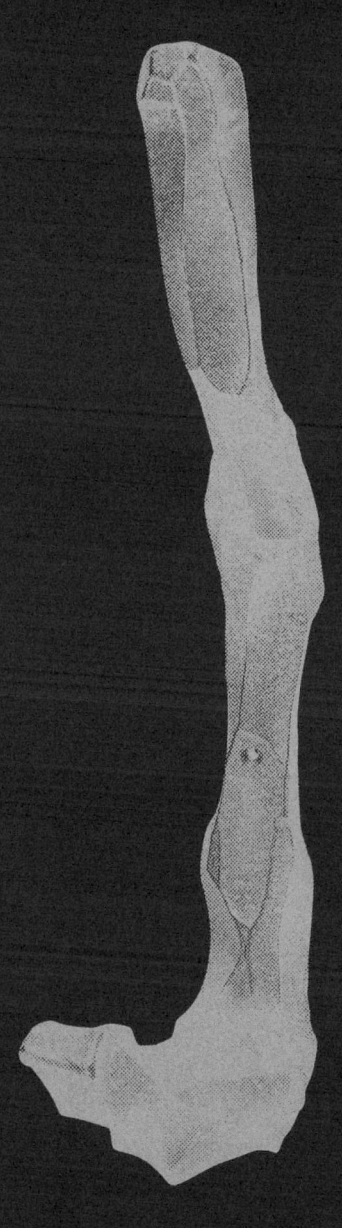

Hook from Sand, 2023
MG2023-2831
220 x 60 x 390 mm
Sandcast aluminium

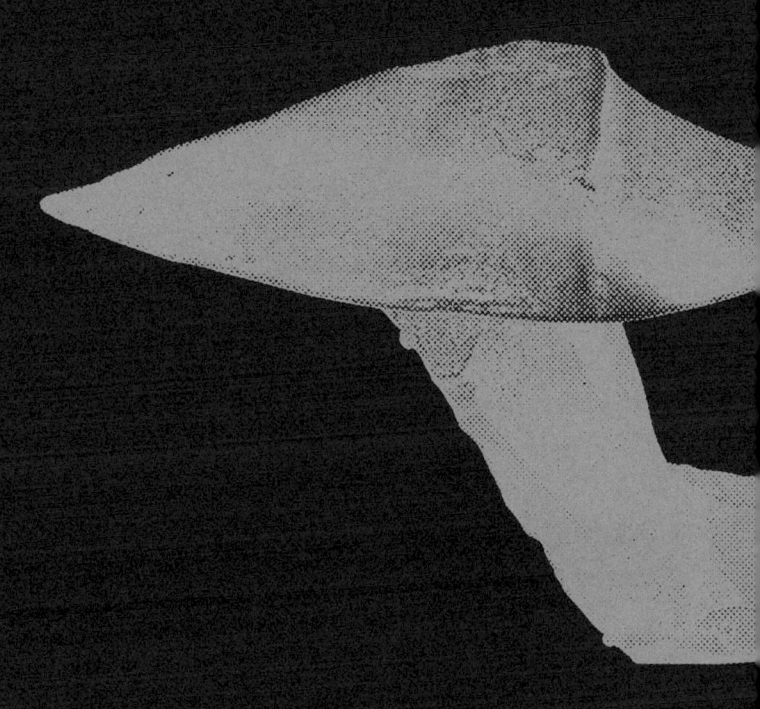

Hook from Sand, 2023
MG2023-2935
250 x 75 x 390 mm
Sandcast aluminium

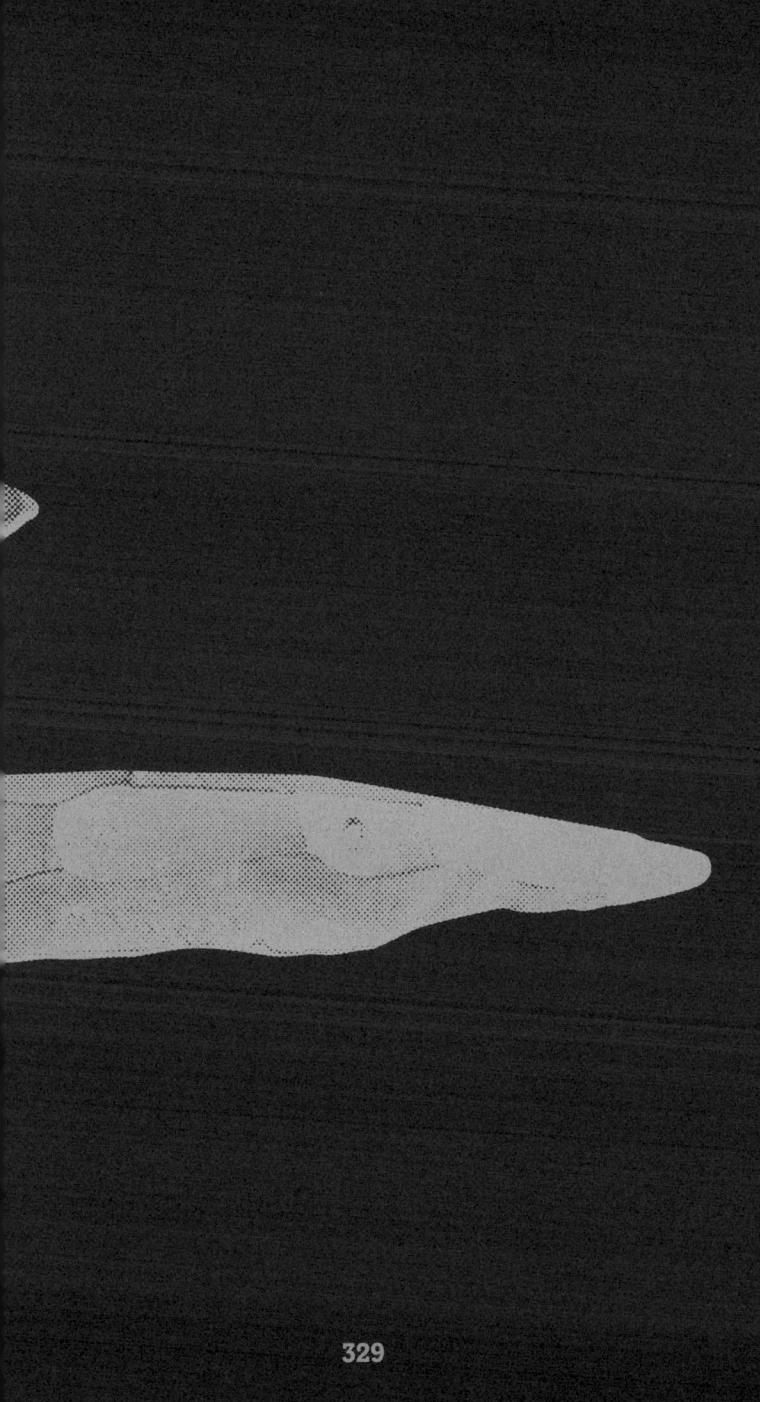

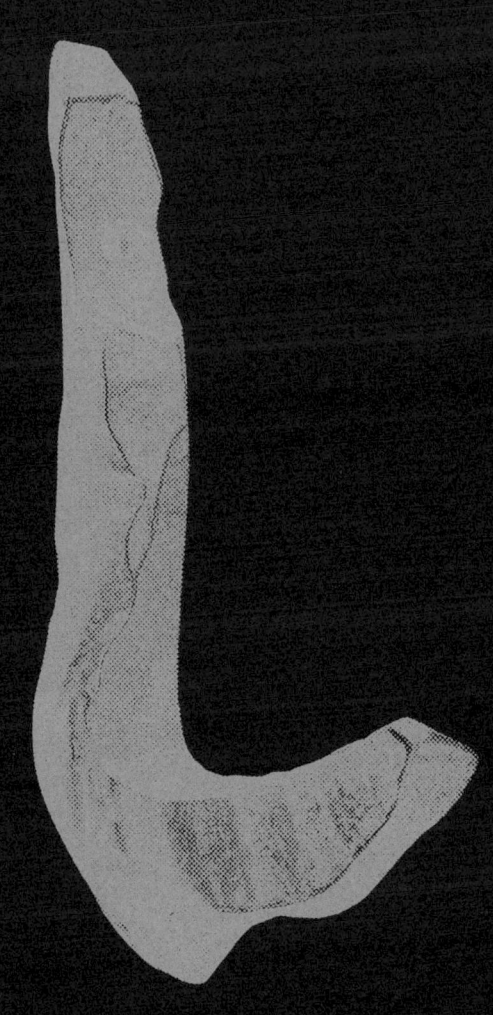

Hook from Sand, 2023
MG2023-2937
115 x 50 x 240 mm
Sandcast aluminium

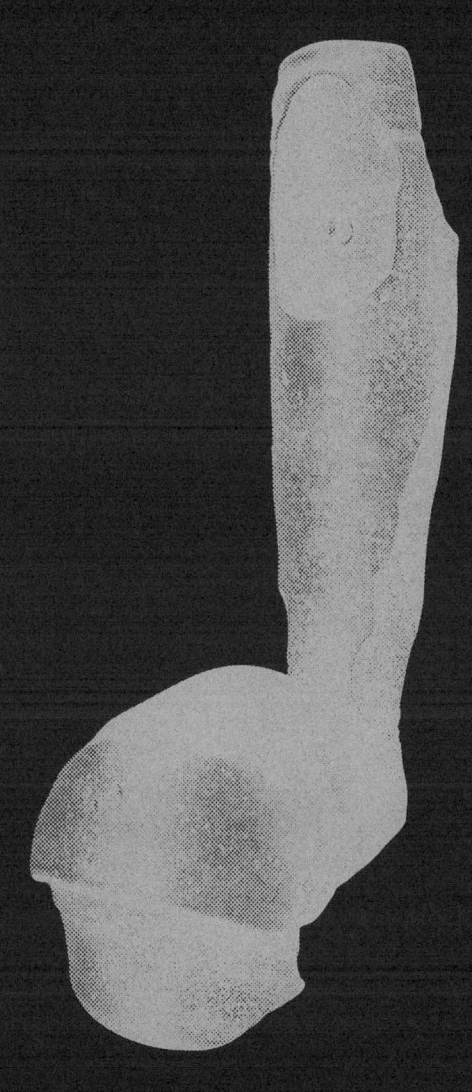

Hook from Sand, 2023
MG2023-2938
170 x 90 x 255 mm
Sandcast aluminium

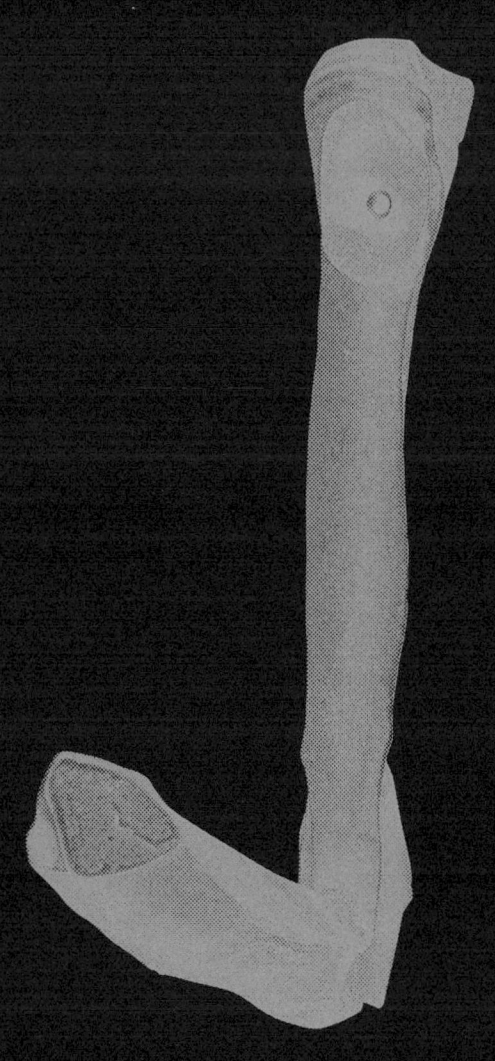

Hook from Sand, 2023
MG2023-2939
230 x 60 x 370 mm
Sandcast aluminium

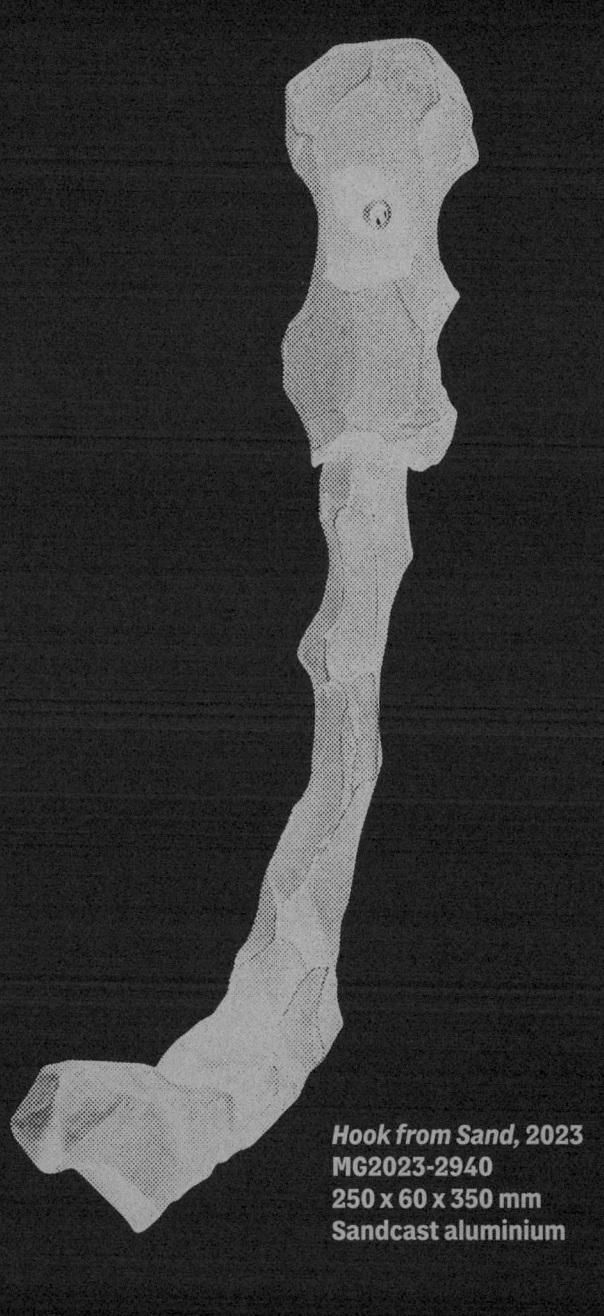

Hook from Sand, 2023
MG2023-2940
250 x 60 x 350 mm
Sandcast aluminium

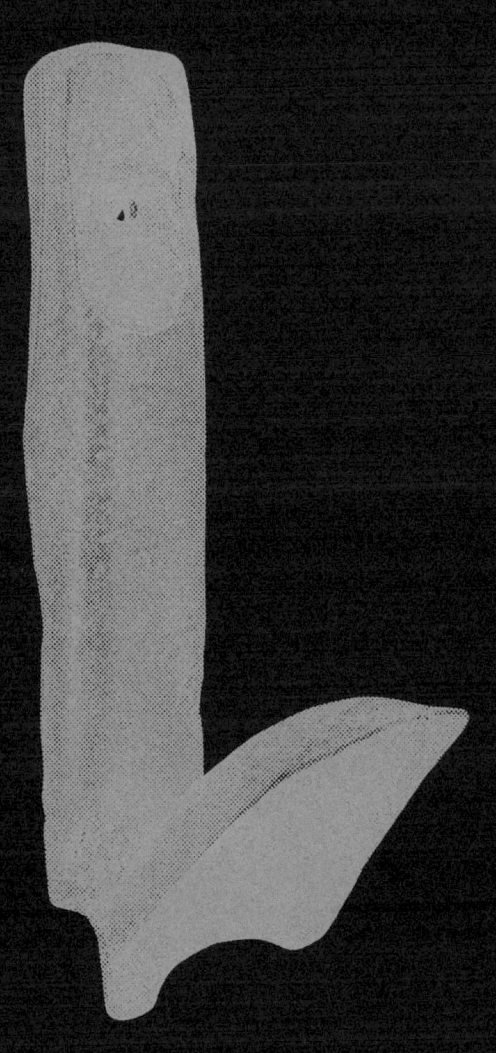

Hook from Sand, 2023
MG2023-2941
150 x 55 x 300 mm
Sandcast aluminium

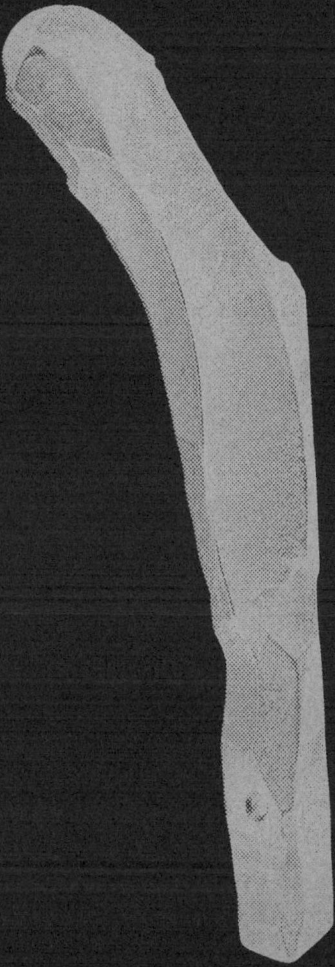

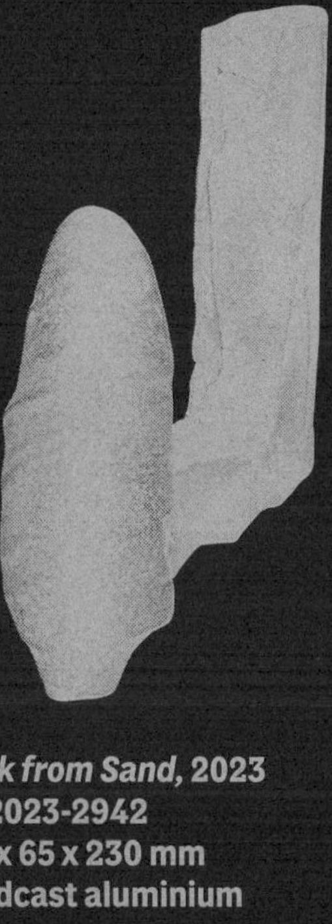

Hook from Sand, 2023
MG2023-2942
215 x 65 x 230 mm
Sandcast aluminium

Hook from Sand, 2023
MG2023-2943
165 x 35 x 340 mm
Sandcast aluminium

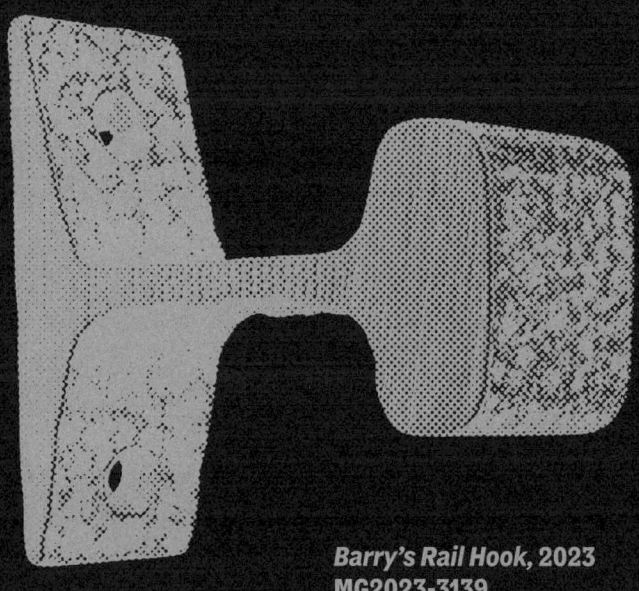

Barry's Rail Hook, 2023
MG2023-3139
65 x 30 x 60 mm
Railway track

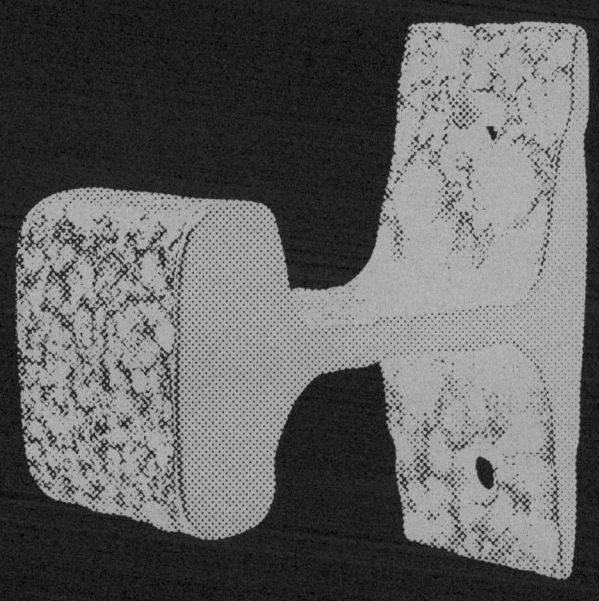

Barry's Rail Hook, 2023
MG2023-3138
65 x 30 x 60 mm
Railway track

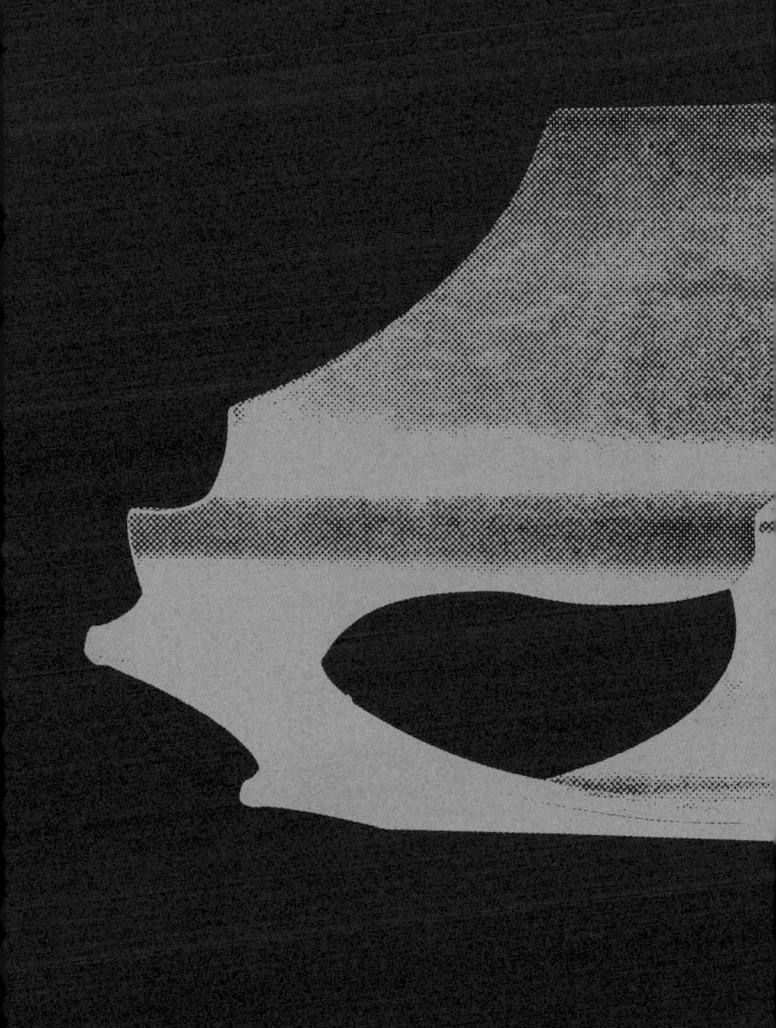

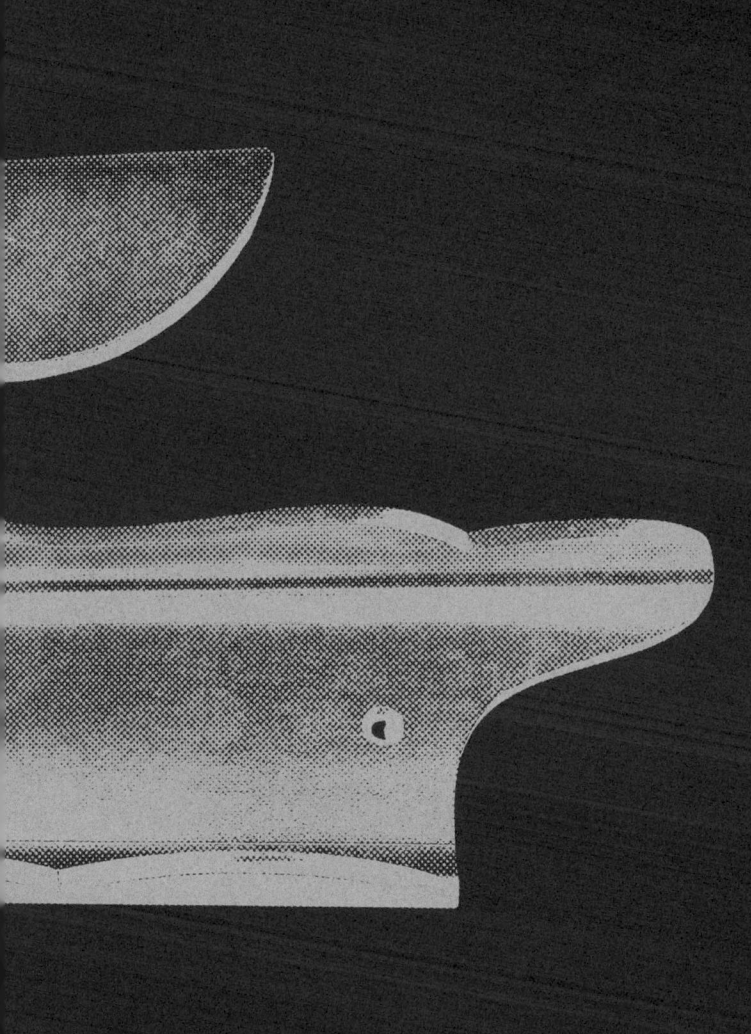

Hook from Laser on Zinc, 2023
MG2023-3140
160 x 80 x 300 mm
Zinc plated steel

Hook from Laser on Zinc, 2023
MG2023-3144
160 x 80 x 290 mm
Zinc plated steel

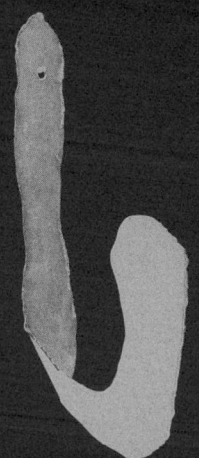

Flame'n Cut, 2023
MG2023-3146
135 x 50 x 285 mm
Zinc plated steel

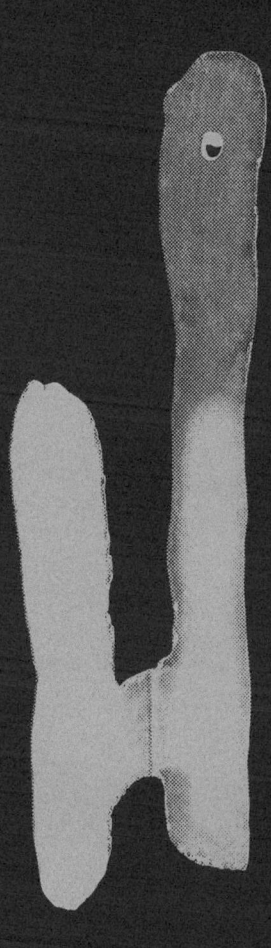

Flame'n Cut, 2023
MG2023-3145
75 x 45 x 265 mm
Zinc plated steel

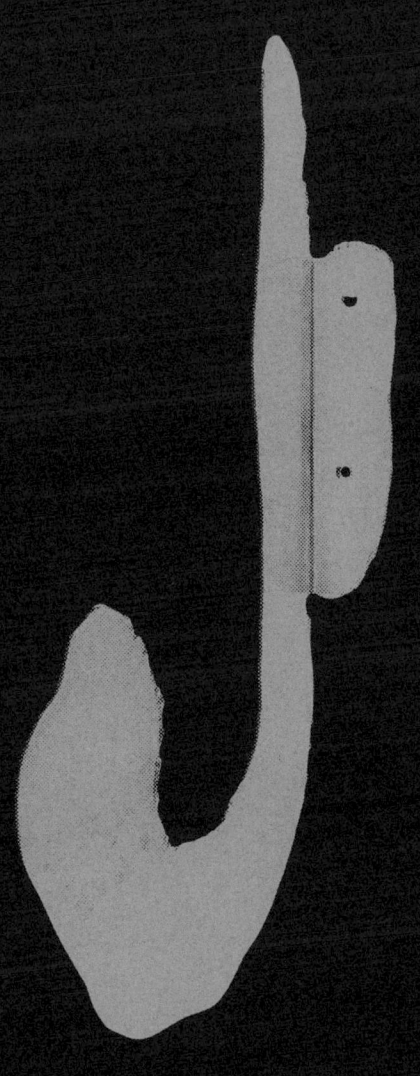

Flame'n Cut, 2023
MG2023-3147
185 x 35 x 320 mm
Zinc plated steel

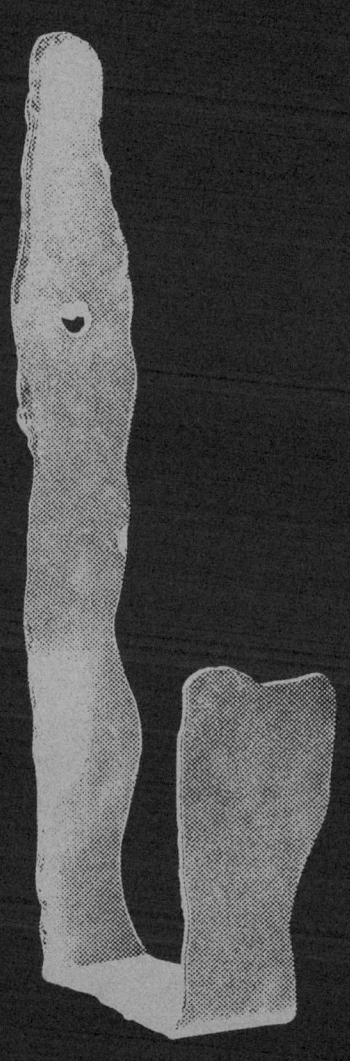

Flame'n Cut, 2023
MG2023-3148
65 x 45 x 230 mm
Zinc plated steel

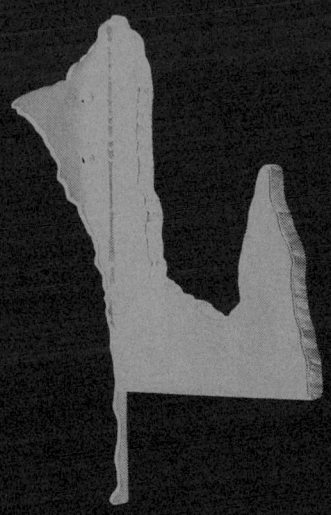

Hook from Plasma, 2023
MG2023-3149
135 x 60 x 235 mm
Stainless steel

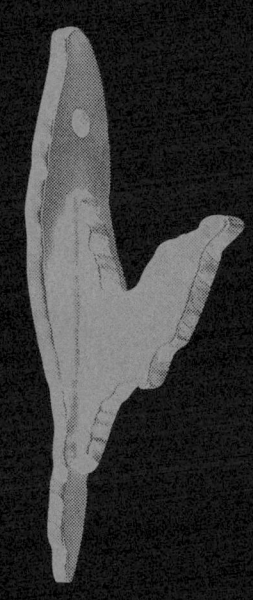

Hook from Plasma, 2023
MG2023-3151
65 x 50 x 170 mm
Stainless steel

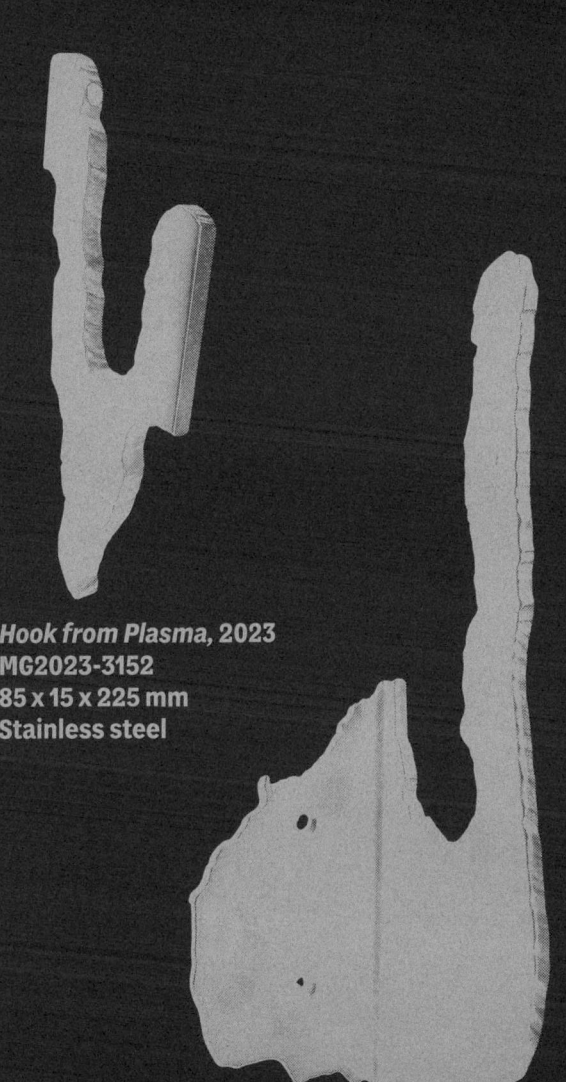

Hook from Plasma, 2023
MG2023-3152
85 x 15 x 225 mm
Stainless steel

Hook from Plasma, 2023
MG2023-3153
100 x 85 x 335 mm
Stainless steel

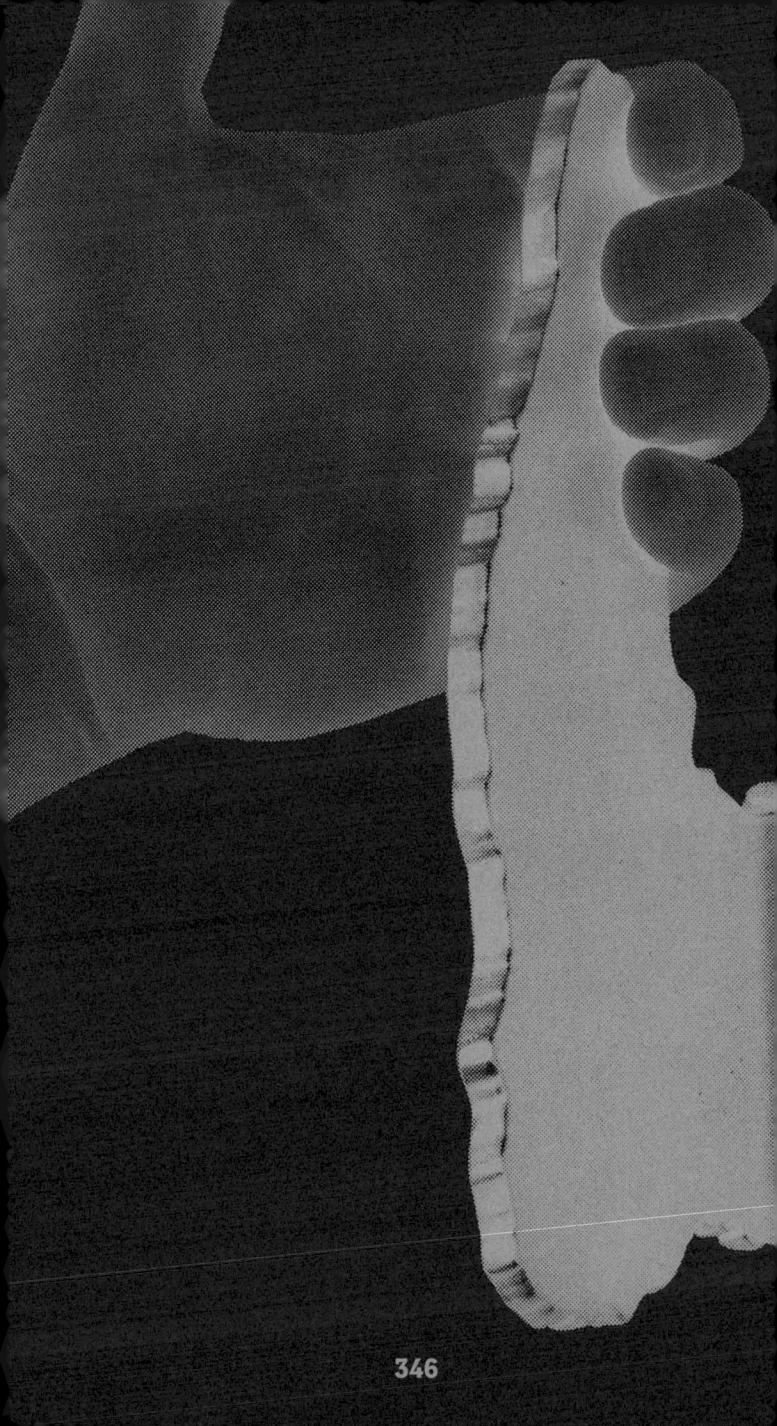

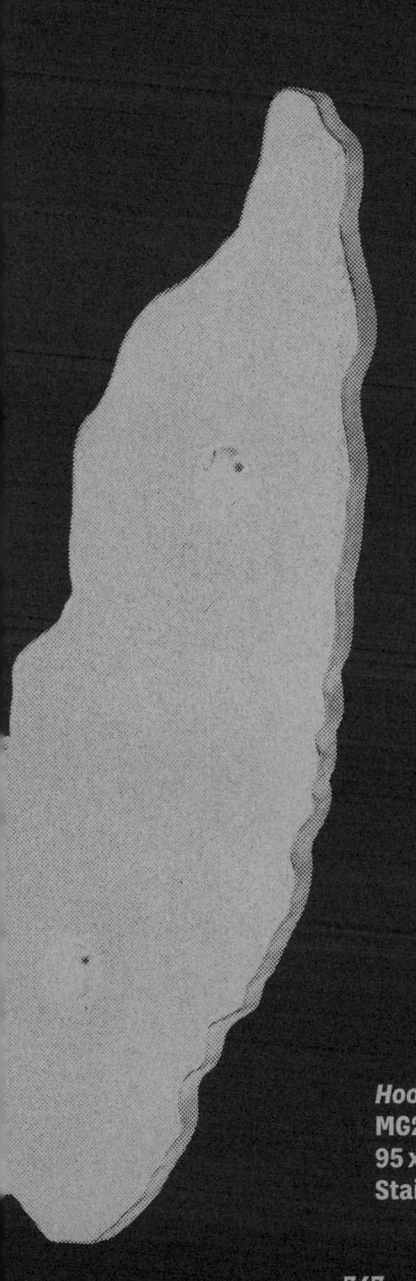

Hook from Plasma, 2023
MG2023-3150
95 x 100 x 195 mm
Stainless steel

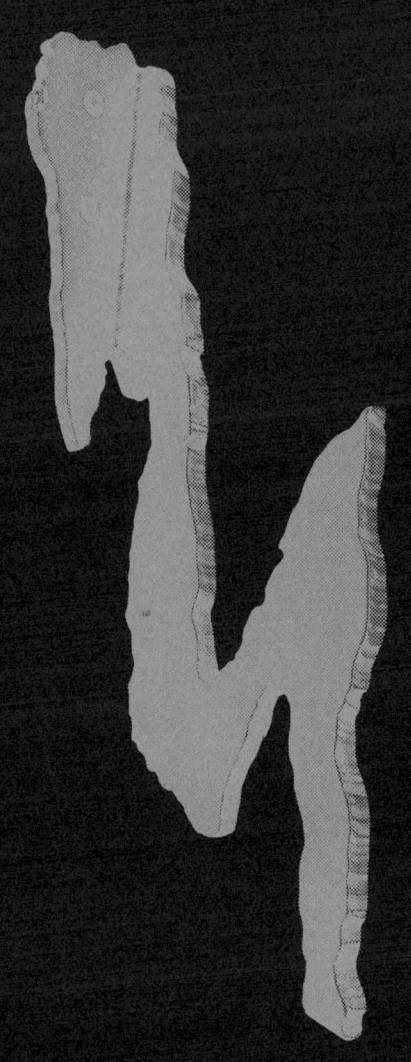

Hook from Plasma, 2023
MG2023-3154
140 x 50 x 300 mm
Stainless steel

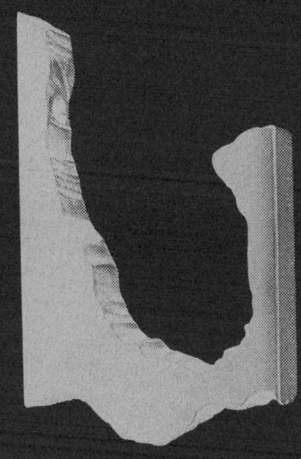

Hook from Plasma, 2023
MG2023-3155
100 x 10 x 130 mm
Stainless steel

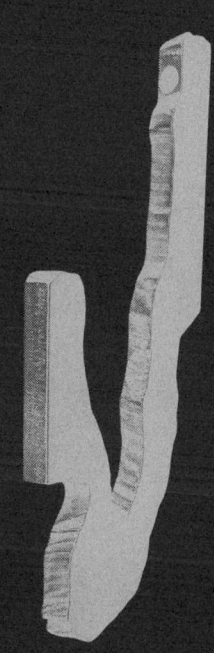

Hook from Plasma, 2023
MG2023-3156
100 x 10 x 230 mm
Stainless steel

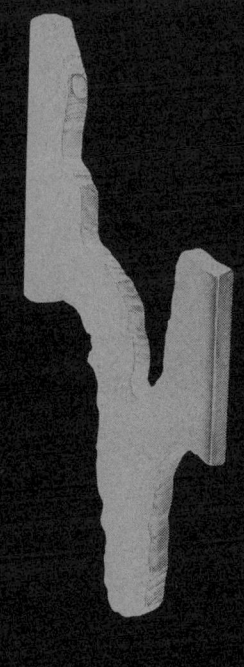
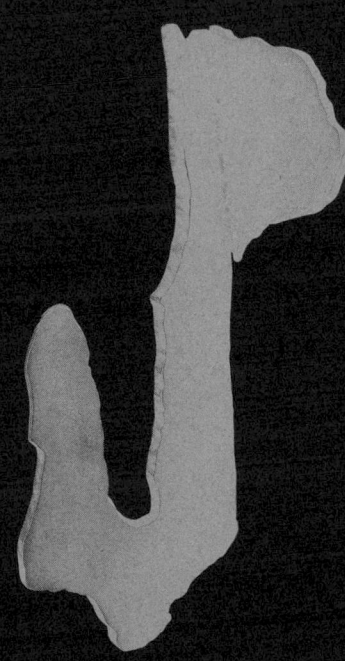

Hook from Plasma, 2023
MG2023-3157
100 x 10 x 240 mm
Stainless steel

Hook from Plasma, 2023
MG2023-3158
115 x 80 x 300 mm
Stainless steel

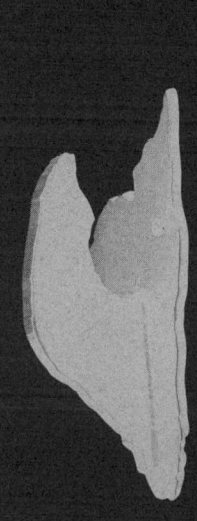

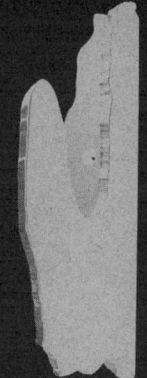

Hook from Plasma, 2023
MG2023-3160
100 x 80 x 200 mm
Stainless steel

Hook from Plasma, 2023
MG2023-3159
70 x 100 x 190 mm
Stainless steel

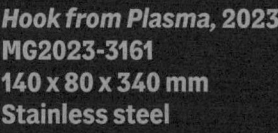

Hook from Plasma, 2023
MG2023-3162
145 x 80 x 330 mm
Stainless steel

Hook from Plasma, 2023
MG2023-3161
140 x 80 x 340 mm
Stainless steel

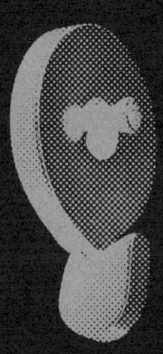

Franz Hook, 2023
MG2023-3164
15 x 25 x 35 mm
Stainless steel

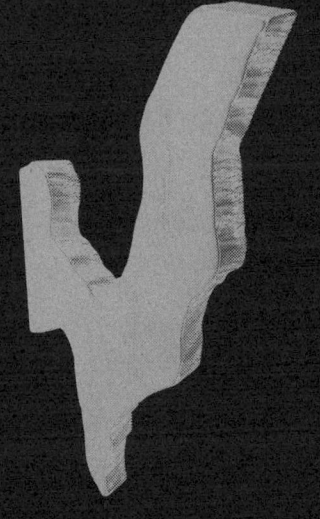

Hook from Plasma, 2023
MG2023-3163
80 x 15 x 150 mm
Stainless steel

Franz Hook, 2023
MG2023-3165
15 x 25 x 35 mm
Stainless steel

Hooked Bronze, 2022
MG2022-2329
165 x 40 x 250 mm
Cast bronze

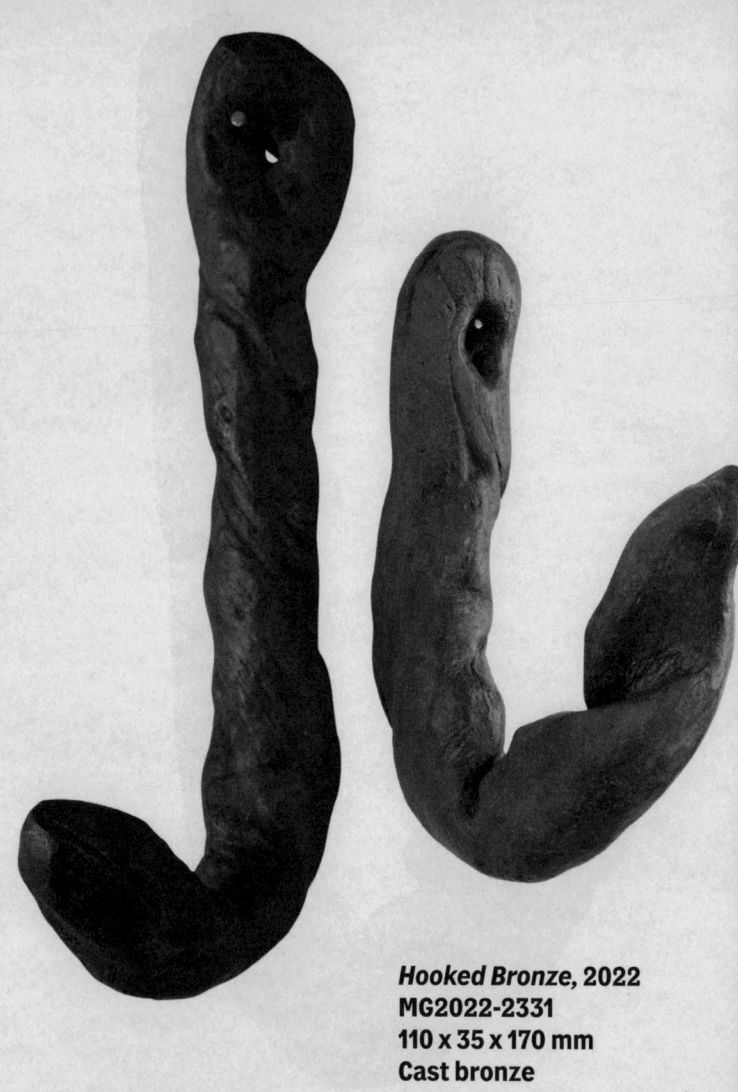

Hooked Bronze, 2022
MG2022-2331
110 x 35 x 170 mm
Cast bronze

Hooked Bronze, 2022
MG2022-2330
120 x 45 x 220 mm
Cast bronze

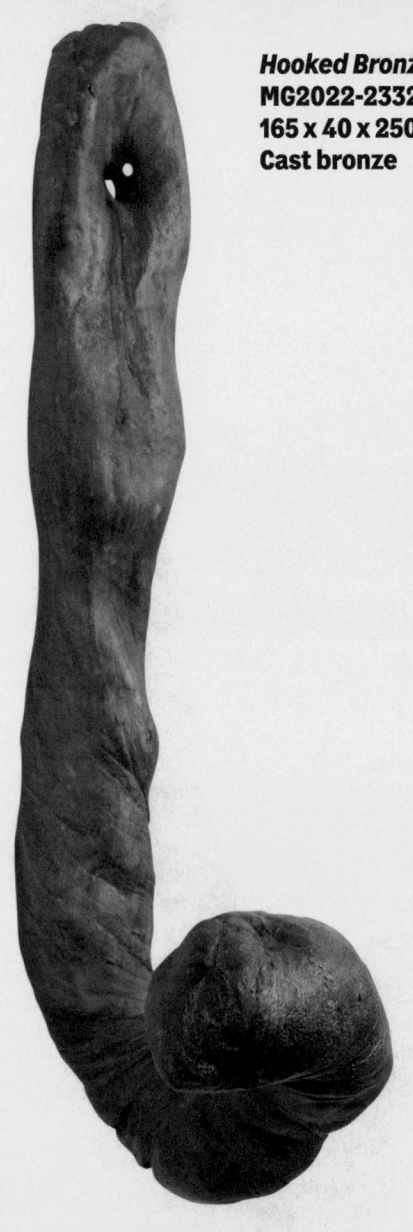

***Hooked Bronze*, 2022**
MG2022-2332
165 x 40 x 250 mm
Cast bronze

Hook from Sand, 2023
MG2023-3261
205 x 45 x 355 mm
Anodised sandcast aluminium

Hook from Sand, 2023
MG2023-3262
230 x 40 x 260 mm
Anodised sandcast aluminium

Hook from Sand, 2023
MG2023-3263
175 x 55 x 320 mm
Anodised sandcast aluminium

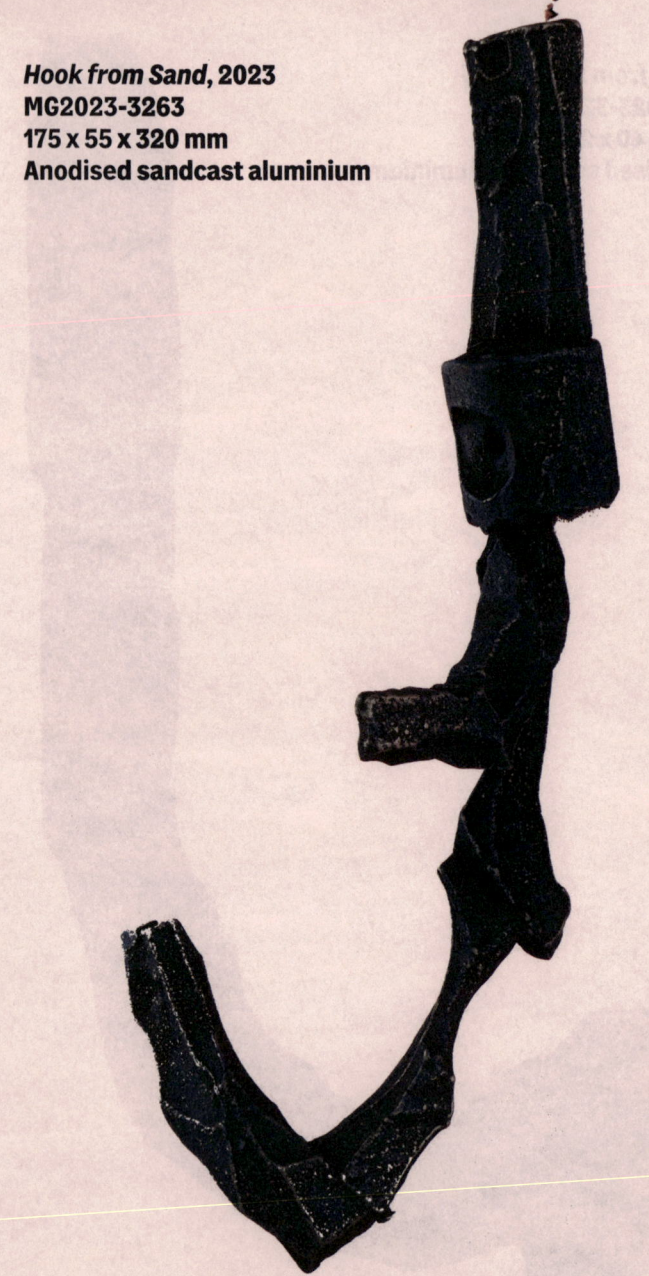

Hooked Bronze, 2023
MG2022-2675
170 x 45 x 310 mm
Cast bronze

Hooked Copper, 2019
MG2019-2555
110 x 30 x 70 mm
Copper pipe

Hooked Copper, 2019
MG2019-2556
120 x 25 x 85 mm
Copper pipe

Hooked Copper, 2019
MG2019-2557
150 x 25 x 90 mm
Copper pipe

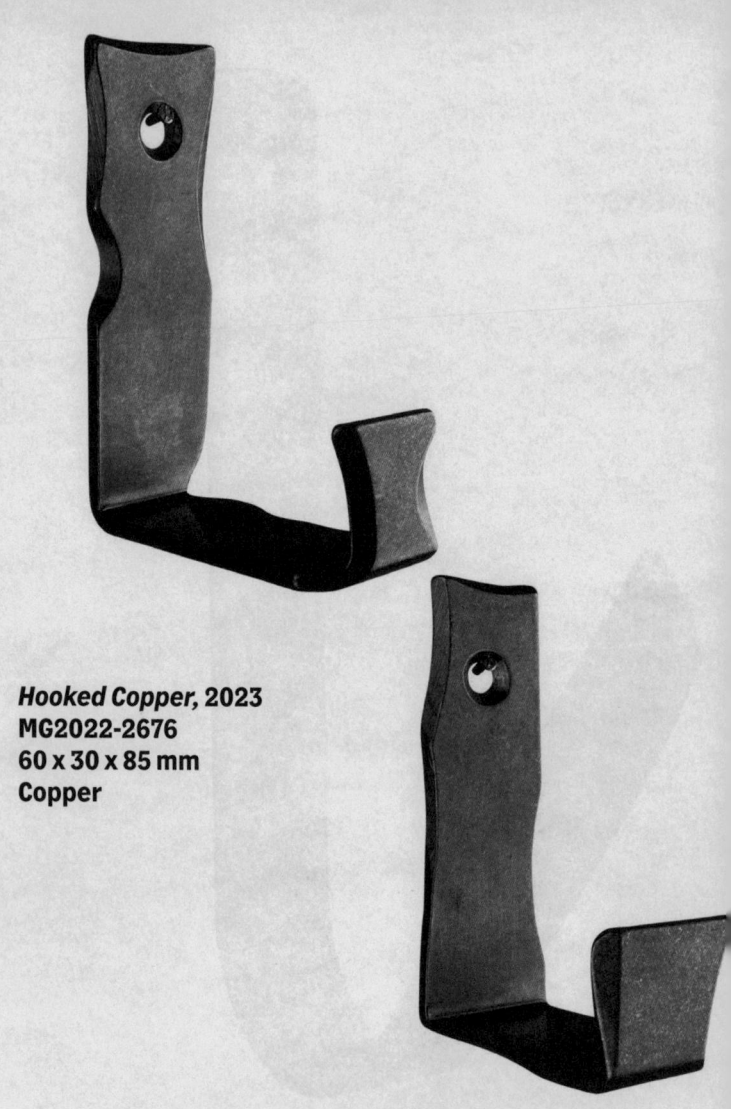

Hooked Copper, 2023
MG2022-2676
60 x 30 x 85 mm
Copper

Hooked Copper, 2023
MG2022-2677
60 x 30 x 85 mm
Copper

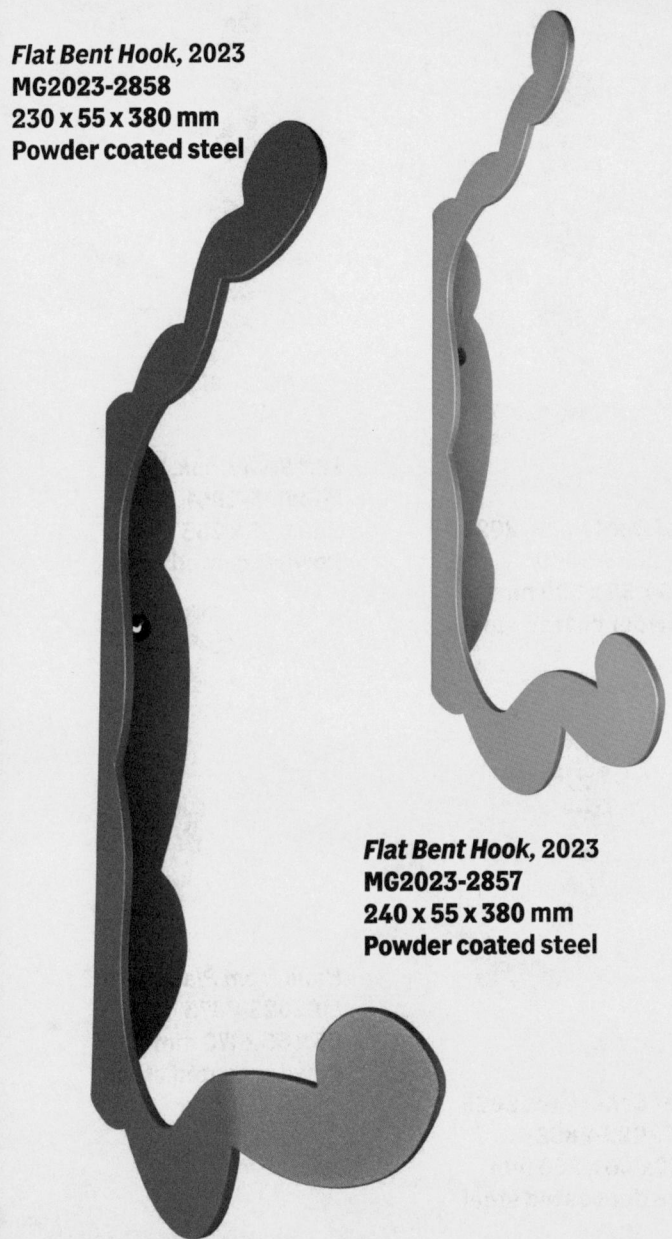

Flat Bent Hook, 2023
MG2023-2858
230 x 55 x 380 mm
Powder coated steel

Flat Bent Hook, 2023
MG2023-2857
240 x 55 x 380 mm
Powder coated steel

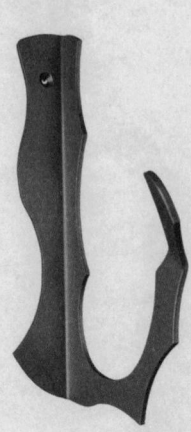

Flat Bent Hook, 2023
MG2023-2860
185 x 55 x 300 mm
Powder coated steel

Flat Bent Hook, 2023
MG2023-2861
220 x 45 x 255 mm
Powder coated steel

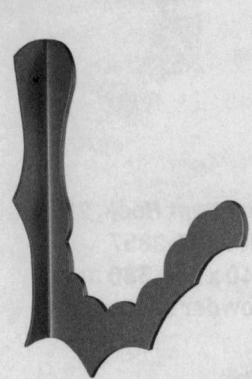

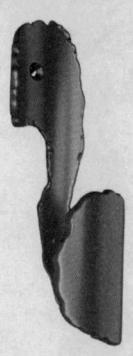

Hook from Plasma, 2023
MG2023-2873
65 x 65 x 170 mm
Powder coated steel

Flat Bent Hook, 2023
MG2023-2862
200x 40 x 250 mm
Powder coated steel

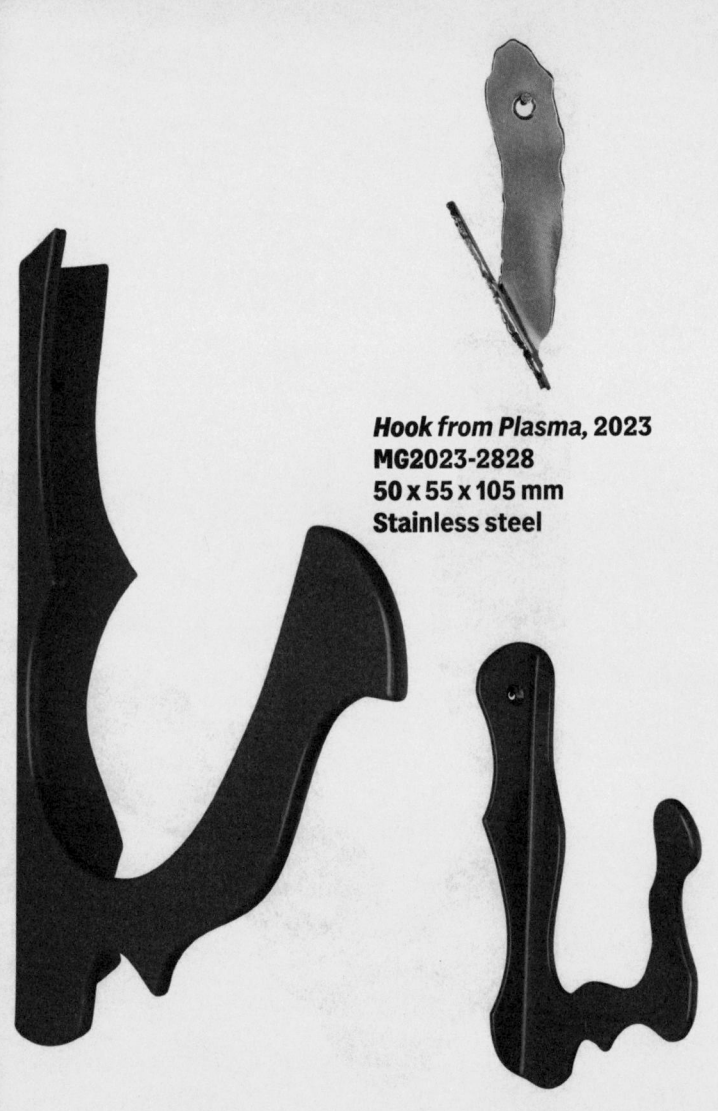

Hook from Plasma, 2023
MG2023-2828
50 x 55 x 105 mm
Stainless steel

Flat Bent Hook, 2023
MG2023-2863
200 x 60 x 250 mm
Powder coated steel

Flat Bent Hook, 2023
MG2023-2864
180 x 50 x 245 mm
Powder coated steel

Flat Bent Hook, 2023
MG2023-2865
165 x 45 x 250 mm
Powder coated steel

Flat Bent Hook, 2023
MG2023-2866
180 x 50 x 300 mm
Powder coated steel

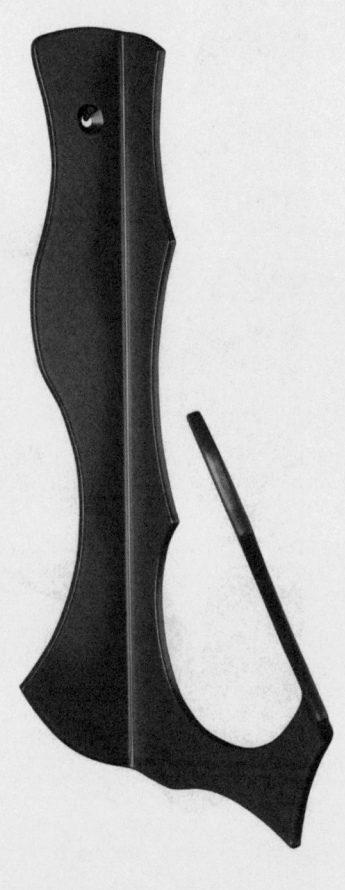

Flat Bent Hook, 2023
MG2023-2867
190 x 55 x 300 mm
Powder coated steel

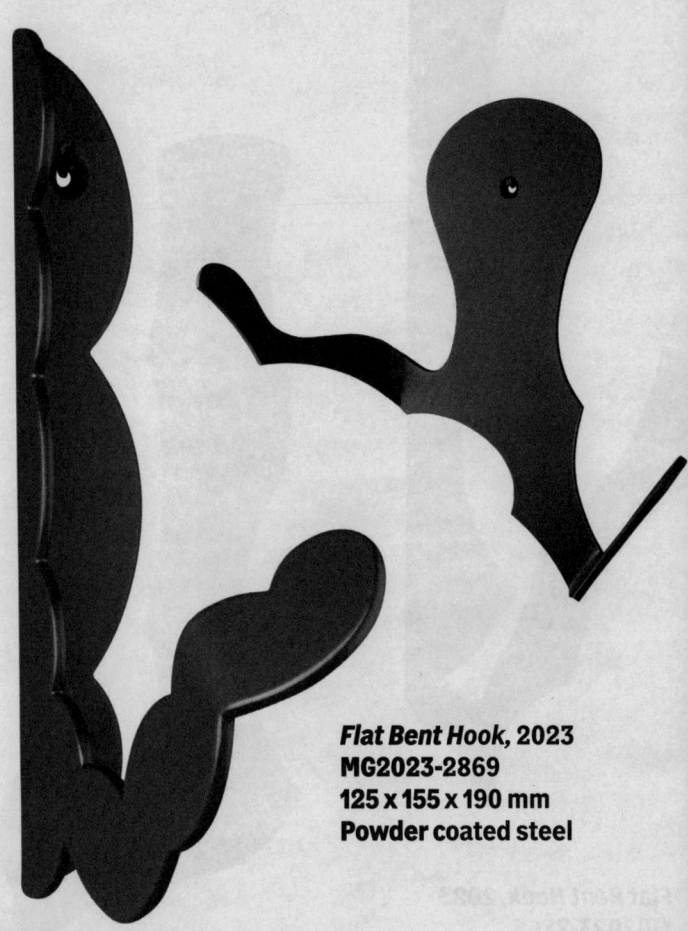

***Flat Bent Hook**, 2023*
**MG2023-2869
125 x 155 x 190 mm
Powder coated steel**

***Flat Bent Hook**, 2023*
**MG2023-2868
170 x 45 x 250 mm
Powder coated steel**

Plasma Hook, **2023**
MG2023-2872
65 x 65 x 115 mm
Powder coated steel

Tube Hook, **2023**
MG2023-2871
130 x 85 x 260 mm
Powder coated aluminium

Plasma Hook, **2023**
MG2023-2874
65 x 65 x 120 mm
Powder coated steel

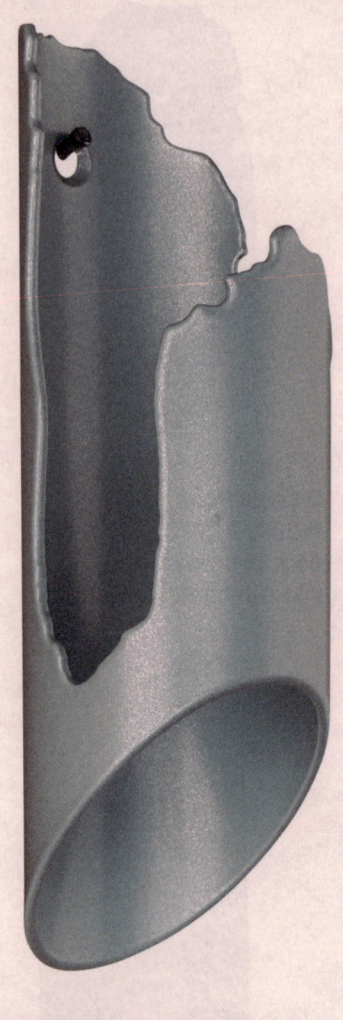

***Hook from Plasma*, 2023**
MG2023-2875
50 x 50 x 155 mm
Powder coated aluminium

***Tube Hook*, 2023**
MG2023-3259
45 x 45 x 245 mm
Anodised aluminium

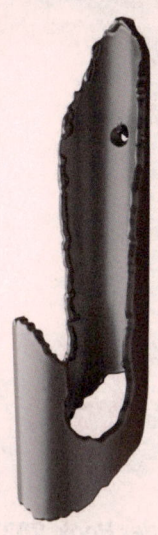

***Hook from Plasma**,* 2023
MG2023-2876
60 x 60 x 200 mm
Powder coated steel

***Hook from Plasma**,* 2023
MG2023-2877
60 x 60 x 145 mm
Powder coated steel

***Hook from Plasma**,* 2023
MG2023-3247
55 x 55 x 150 mm
Anodised aluminium

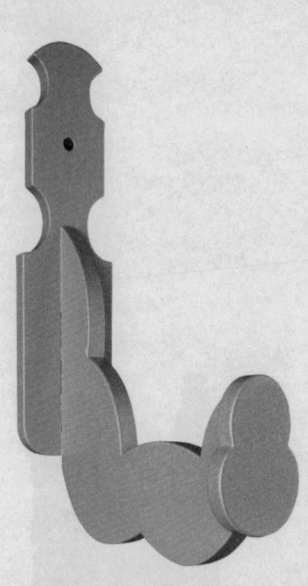

Cut Powder Hook, 2023
MG2023-2879
185 x 45 x 305 mm
Powder coated steel

Cut Powder Hook, 2023
MG2023-2878
145 x 45 x 200 mm
Powder coated steel

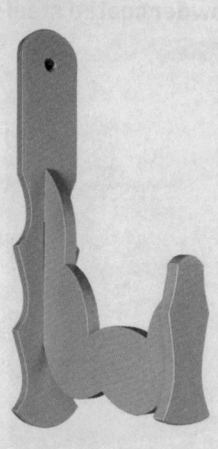

Cut Powder Hook, 2023
MG2023-2880
145 x 45 x 235 mm
Powder coated steel

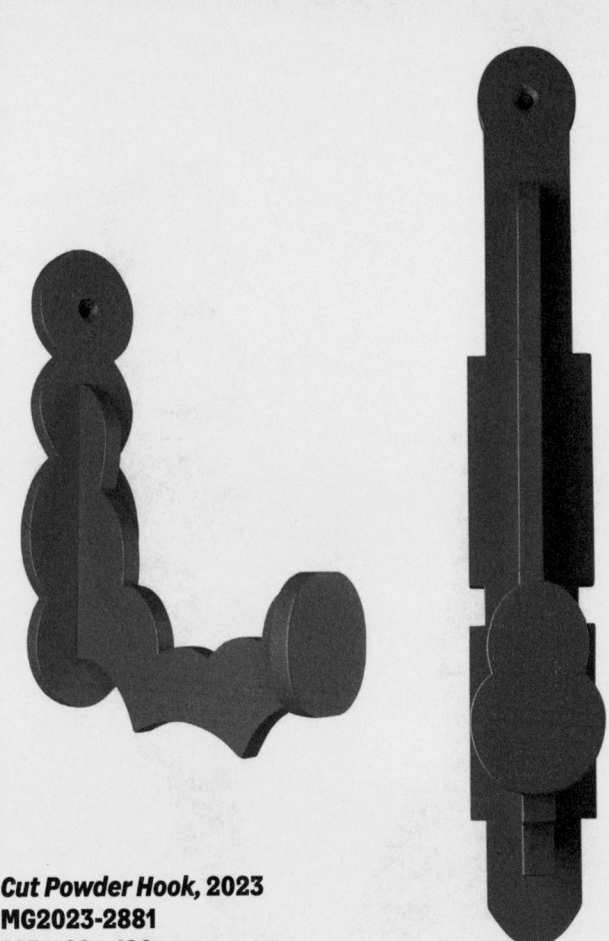

***Cut Powder Hook,* 2023**
MG2023-2881
145 x 60 x 190 mm
Powder coated steel

***Cut Powder Hook,* 2023**
MG2023-2882
190 x 45 x 310 mm
Powder coated steel

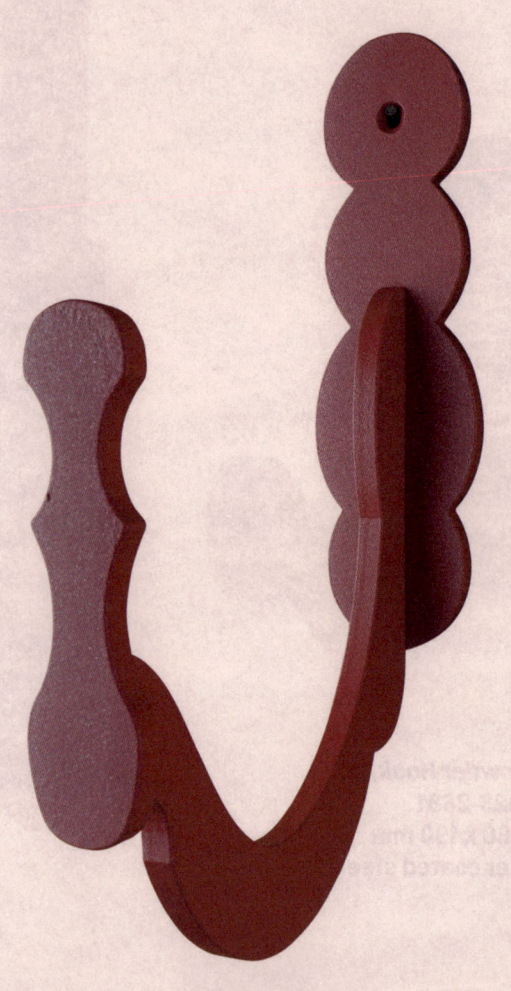

Cut Powder Hook, 2023
MG2023-2883
190 x 60 x 260 mm
Powder coated steel

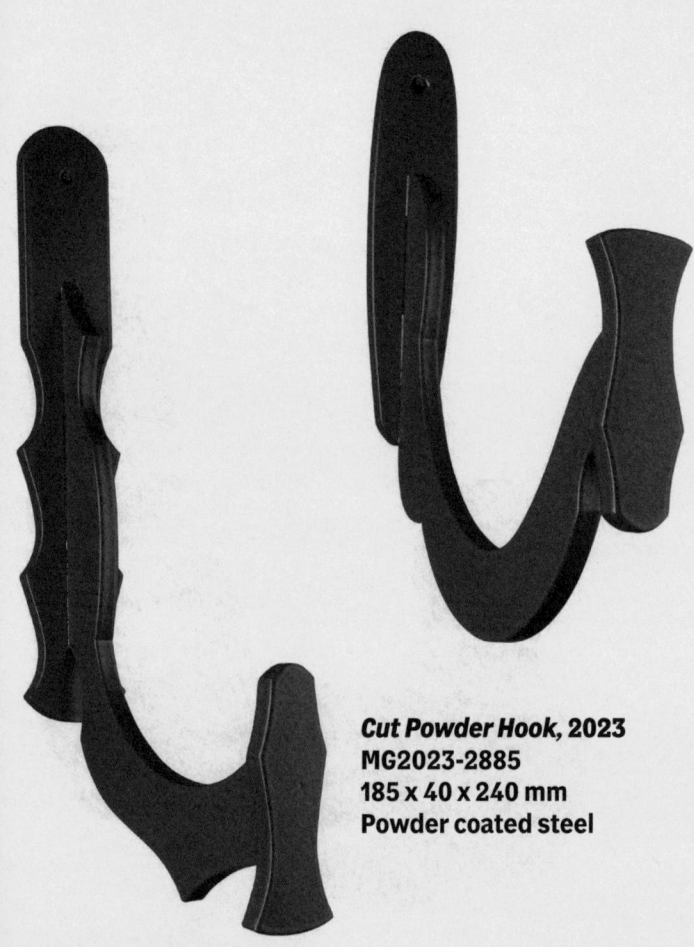

Cut Powder Hook, 2023
MG2023-2885
185 x 40 x 240 mm
Powder coated steel

Cut Powder Hook, 2023
MG2023-2884
170 x 50 x 290 mm
Powder coated steel

Cut Powder Hook, 2023
MG2023-2886
145 x 45 x 165 mm
Powder coated steel

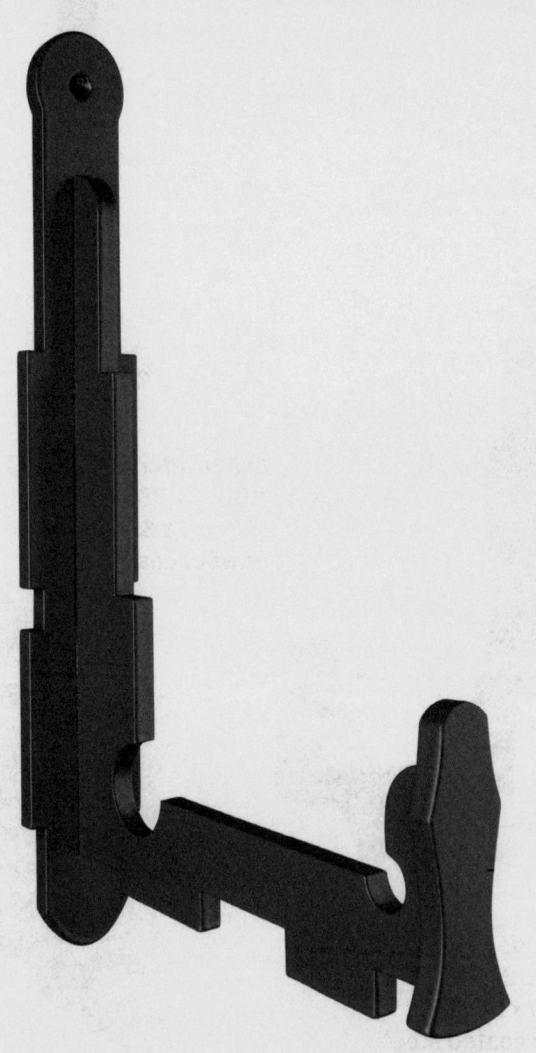

Cut Powder Hook, 2023
MG2023-2887
185 x 45 x 305 mm
Powder coated steel

Cut Powder Hook, 2023
MG2023-2889
190 x 45 x 310 mm
Powder coated steel

Cut Powder Hook, 2023
MG2023-2888
155 x 50 x 240 mm
Powder coated steel

Cut Powder Hook, 2023
MG2023-2890
180 x 40 x 170 mm
Powder coated steel

Cut Powder Hook, 2023
MG2023-2891
185 x 45 x 190 mm
Powder coated steel

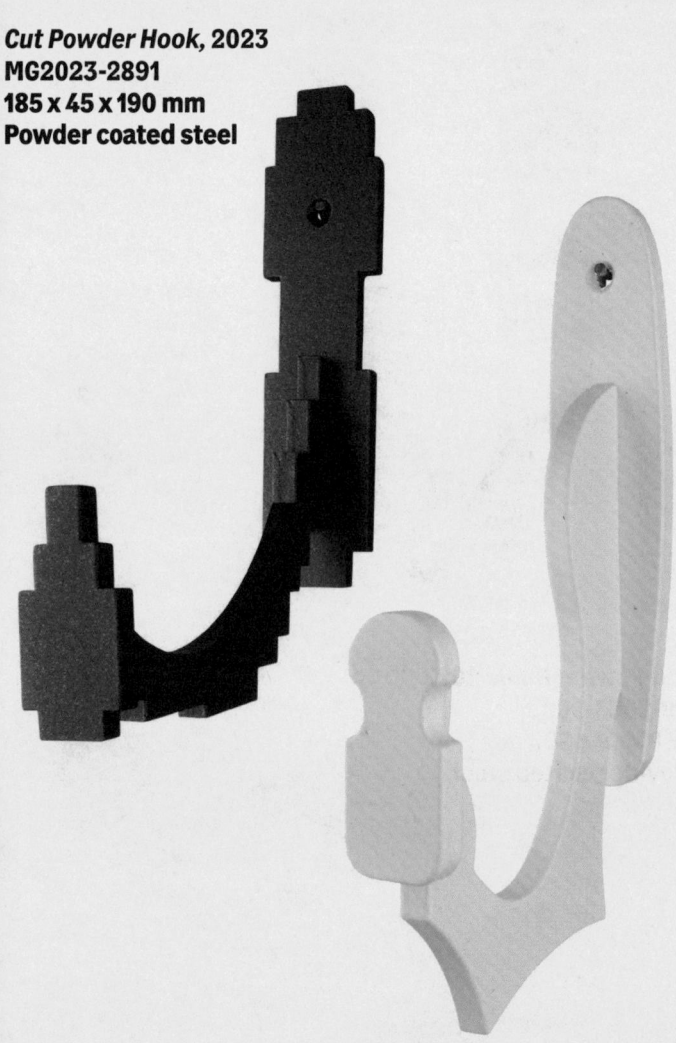

Cut Powder Hook, 2023
MG2023-2892
115 x 40 x 210 mm
Powder coated steel

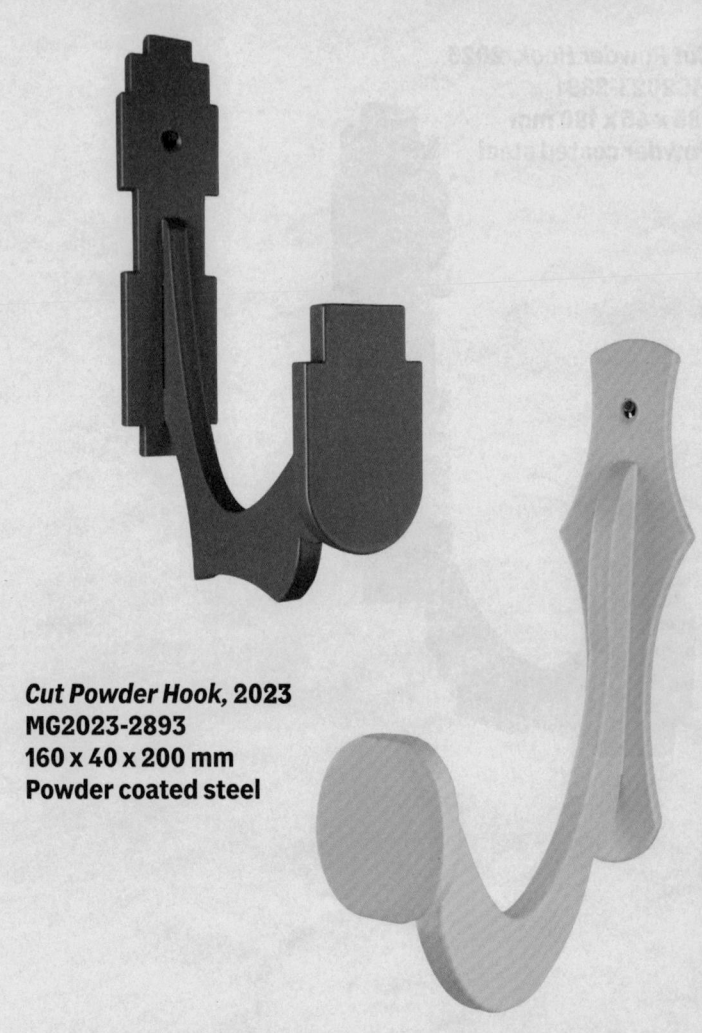

Cut Powder Hook, 2023
MG2023-2893
160 x 40 x 200 mm
Powder coated steel

Cut Powder Hook, 2023
MG2023-2897
190 x 55 x 230 mm
Powder coated steel

Cut Powder Hook, 2023
MG2023-2898
150 x 60 x 190 mm
Powder coated steel

Cut Powder Hook, 2023
MG2023-2899
160 x 55 x 250 mm
Powder coated steel

Cut Powder Hook, 2023
MG2023-2900
185 x 40 x 185 mm
Powder coated steel

Cut Powder Hook, 2023
MG2023-2901
155 x 55 x 240 mm
Powder coated steel

Cut Enamel Hook, 2023
MG2023-2918
160 x 45 x 175 mm
Vitreous enamelled steel

***Cut Enamel Hook*, 2023**
MG2023-2919
115 x 45 x 210 mm
Vitreous enamelled steel

Cut Enamel Hook, **2023**
MG2023-2921
155 x 45 x 200 mm
Vitreous enamelled steel

Cut Enamel Hook, **2023**
MG2023-2920
160 x 40 x 190 mm
Vitreous enamelled steel

Double Hook Enamel, 2023
MG2023-3272
220 x 50 x 320 mm
Vitreous enamelled steel, brass

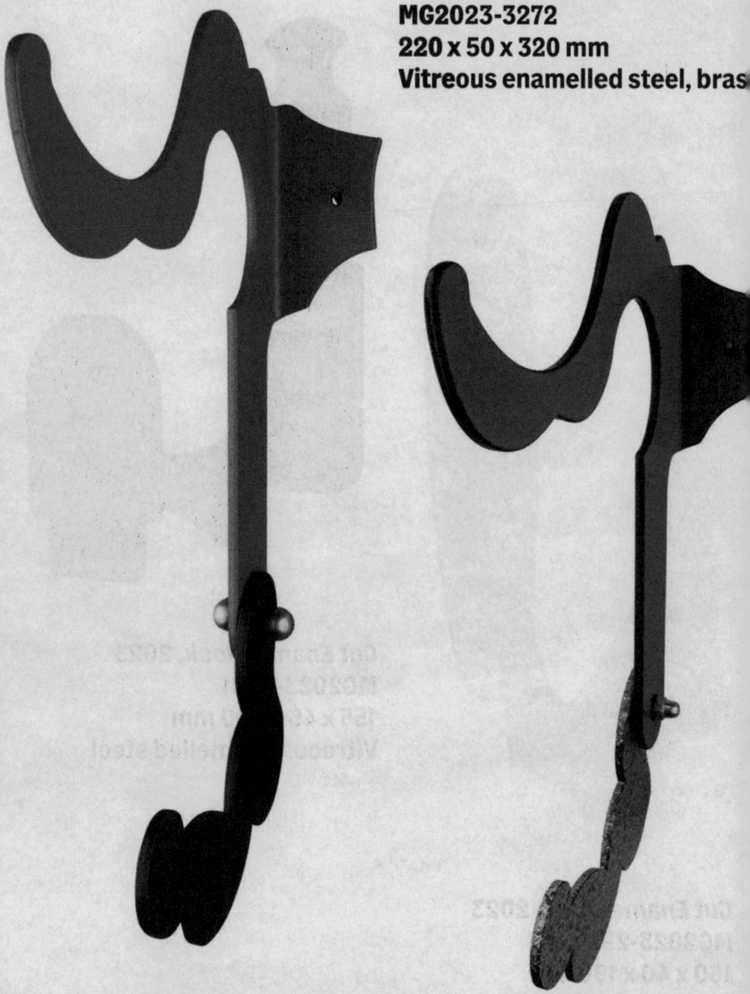

Cut Powder Double Hook, 2023
MG2023-2922
225 x 65 x 330 mm
Powder coated steel, brass

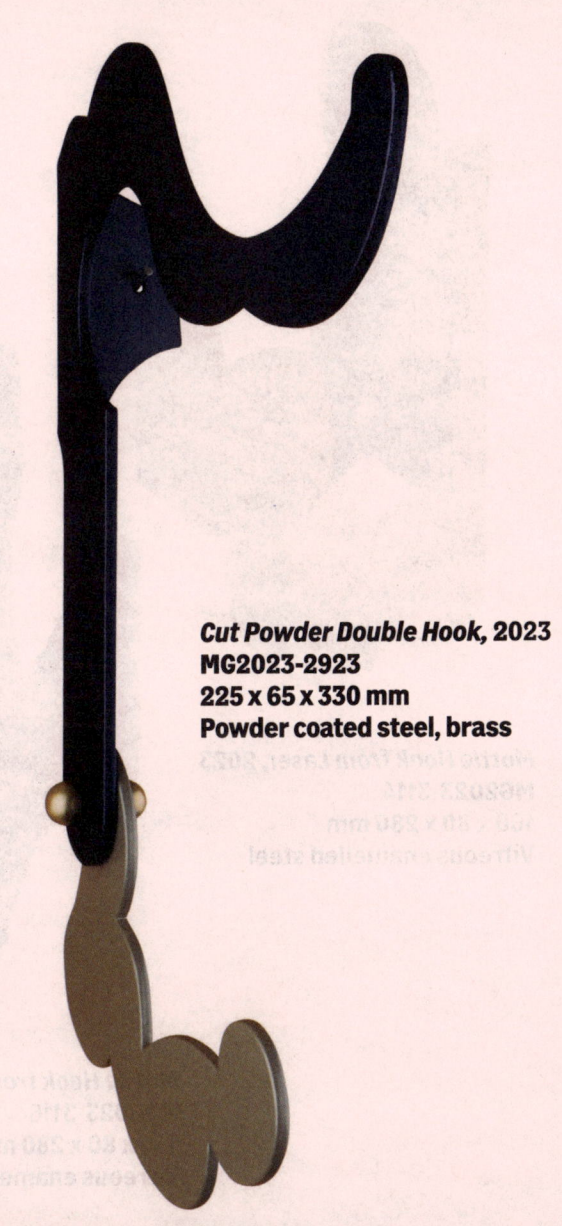

Cut Powder Double Hook, **2023**
MG2023-2923
225 x 65 x 330 mm
Powder coated steel, brass

Mottle Hook from Laser, 2023
MG2023-3114
160 x 80 x 280 mm
Vitreous enamelled steel

Mottle Hook from Laser, 2023
MG2023-3116
160 x 80 x 280 mm
Vitreous enamelled steel

***Mottle Hook from Laser*, 2023**
MG2023-3479
160 x 80 x 280 mm
Vitreous enamelled steel

Mottle Hook from Laser, 2023
MG2023-3118
160 x 80 x 280 mm
Vitreous enamelled steel

Mottle Hook from Laser, 2023
MG2023-3119
140 x 45 x 180 mm
Vitreous enamelled steel

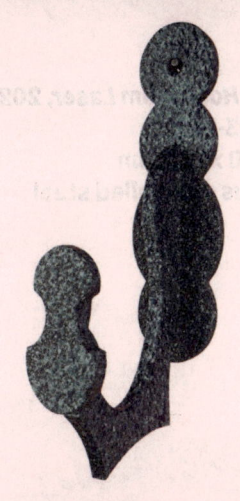

Mottle Hook from Laser, 2023
MG2023-3120
120 x 55 x 240 mm
Vitreous enamelled steel

Mottle Hook from Laser, 2023
MG2023-3121
160 x 50 x 265 mm
Vitreous enamelled steel

Mottle Hook from Laser, 2023
MG2023-3122
155 x 40 x 175 mm
Vitreous enamelled steel

Mottle Hook from Laser, 2023
MG2023-3123
155 x 40 x 160 mm
Vitreous enamelled steel

Mottle Hook from Laser, 2023
MG2023-3124
155 x 40 x 245 mm
Vitreous enamelled steel

Mottle Hook from Laser, 2023
MG2023-3125
185 x 45 x 240 mm
Vitreous enamelled steel

***Mottle Hook from Laser*, 2023**
MG2023-3126
160 x 40 x 185 mm
Vitreous enamelled steel

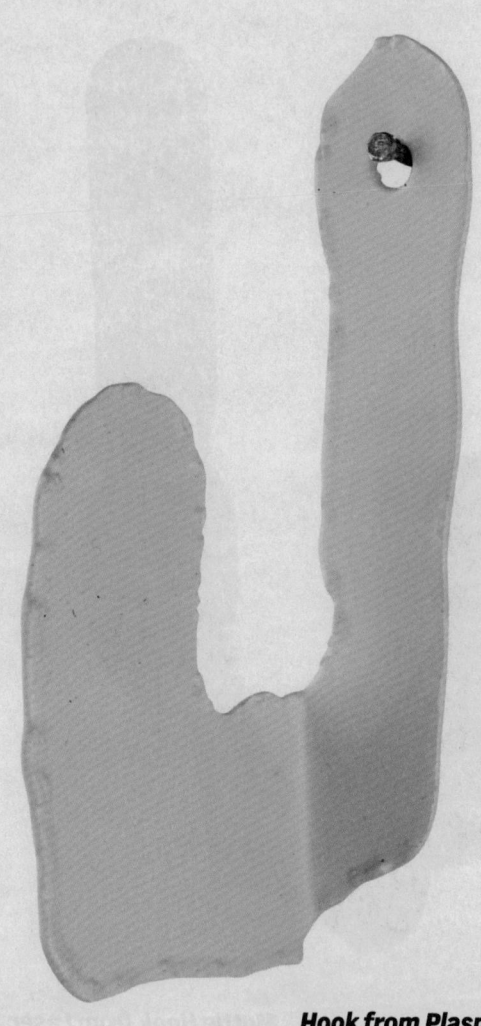

Hook from Plasma, 2023
MG2023-3127
55 x 25 x 110 mm
Powder coated steel

***Mottle Hook from Laser*, 2023**
MG2023-3237
155 x 55 x 200 mm
Vitreous enamelled steel

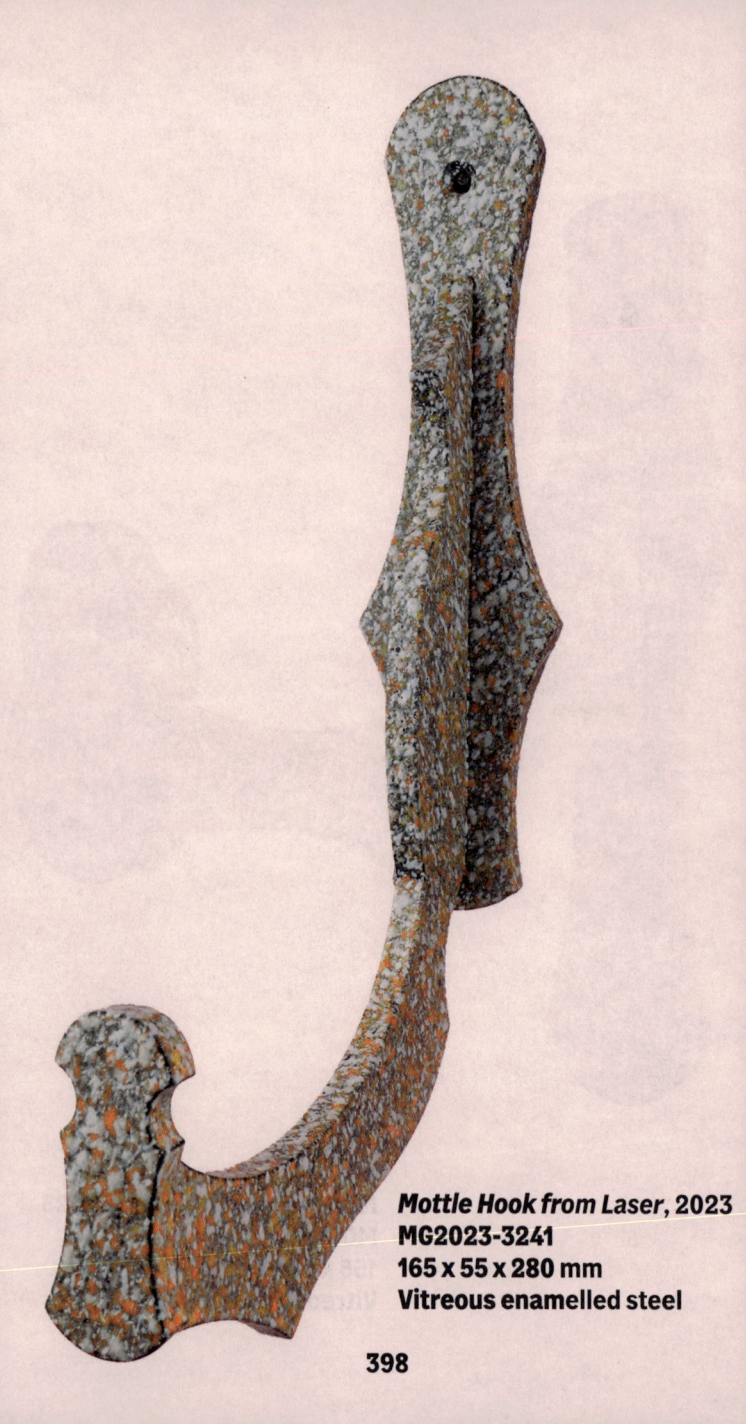

Mottle Hook from Laser, 2023
MG2023-3241
165 x 55 x 280 mm
Vitreous enamelled steel

Mottle Hook from Laser, 2023
MG2023-3242
145 x 40 x 180 mm
Vitreous enamelled steel

Hook from Silver, 2024
MG2024-3565
25 x 10 x 20 mm
Cast silver

Hook from Silver, 2024
MG2024-3564
22 x 20 x 45 mm
Cast silver

Mottle Hook from Laser, 2023
MG2023-3246
135 x 45 x 140 mm
Vitreous enamelled steel

Mottle Hook from Plasma, 2023
MG2023-3248
90 x 90 x 250 mm
Vitreous enamelled steel

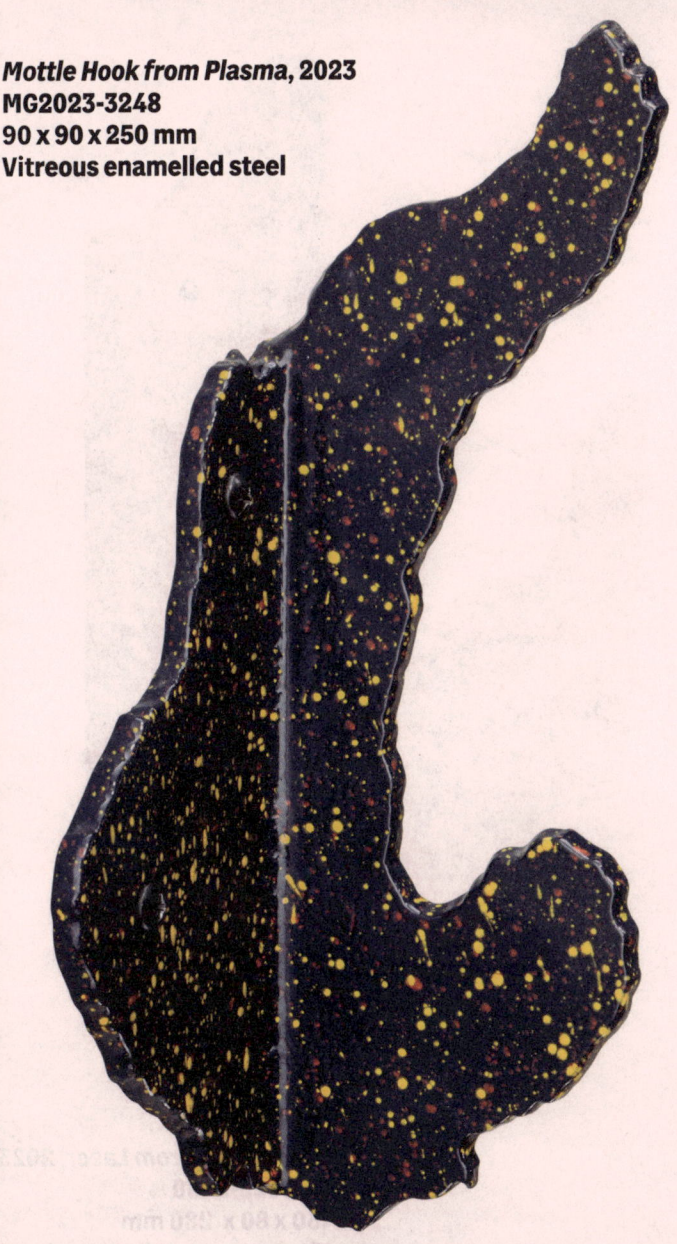

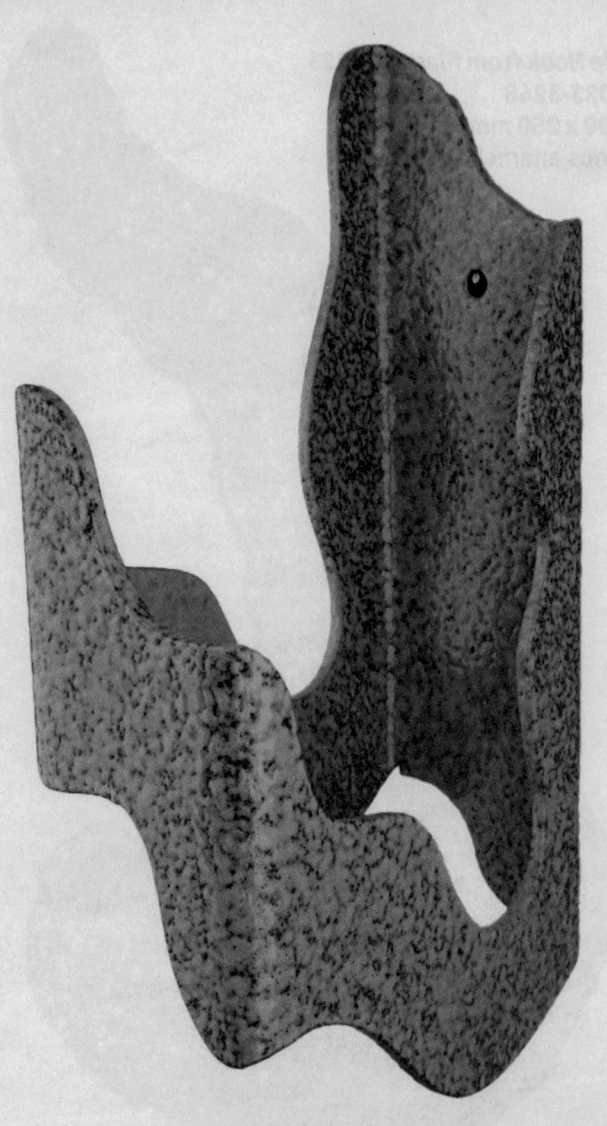

***Mottle Hook from Laser*, 2023**
MG2023-3480
160 x 80 x 280 mm
Vitreous enamelled steel

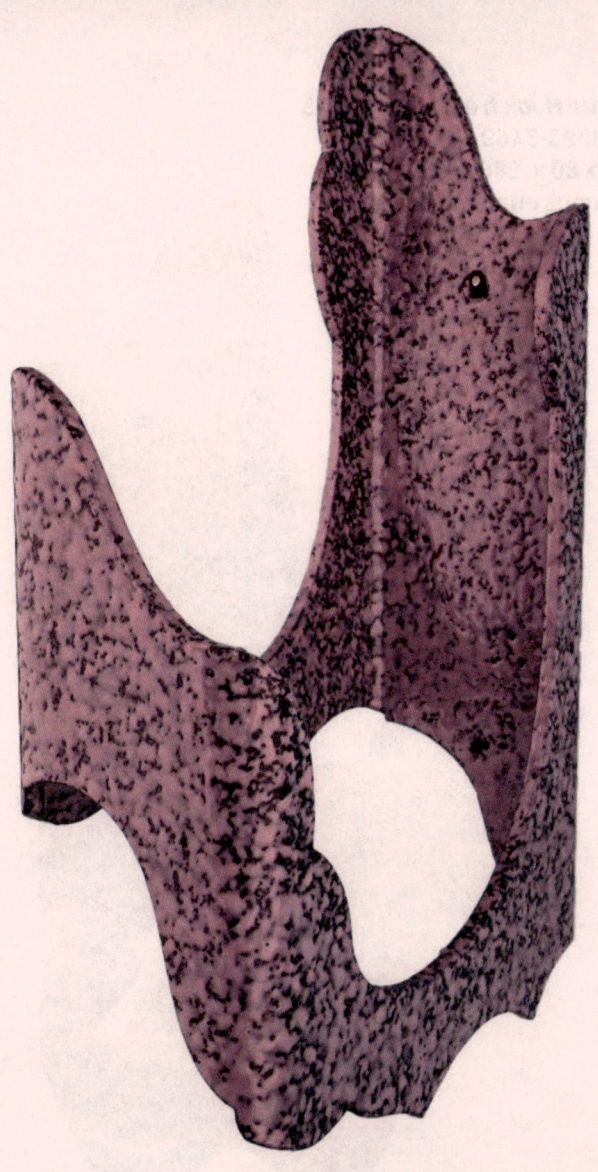

Mottle Hook from Laser, 2023
MG2023-3474
160 x 80 x 280 mm
Vitreous enamelled steel

Mottle Hook from Laser, 2023
MG2023-3469
160 x 80 x 280 mm
Vitreous enamelled steel

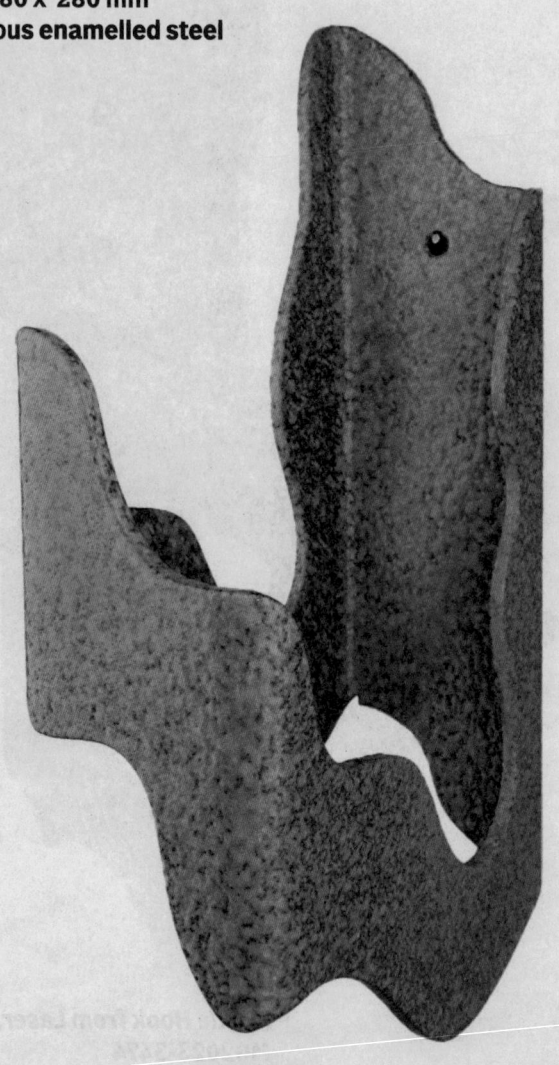

***Mottle Hook from Laser,* 2023**
MG2023-3468
160 x 80 x 280 mm
Vitreous enamelled steel

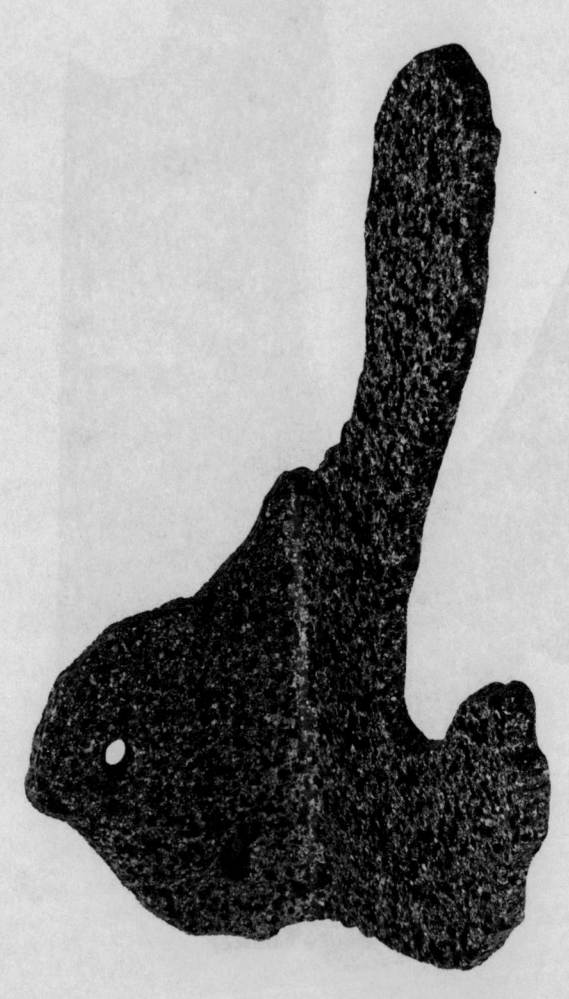

Mottle Hook from Plasma, 202
MG2023-3245
85 x 70 x 180 mm
Vitreous enamelled steel

Mottle Tube Hook, 2023
MG2023-3297
215 x 60 x 200 mm
Vitreous enamelled steel

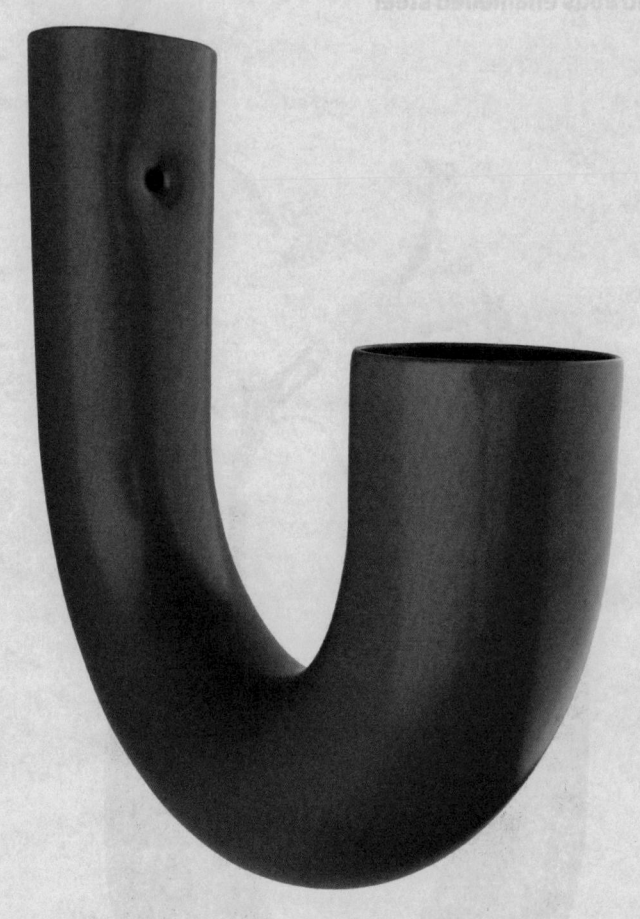

Tube Loop Hook, 2023
MG2023-3133
215 x 55 x 210 mm
Powder coated steel

Tube Loop Hook, 2023
MG2023-3134
360 x 80 x 300 mm
Powder coated steel

Tube Loop Hook, 2023
MG2023-3136
380 x 80 x 330 mm
Powder coated steel

Tube Loop Hook, 2023
MG2023-3135
220 x 55 x 210 mm
Powder coated steel

Tortilla Hook, 2023
MG2023-3225
45 x 50 x 105 mm
Powder coated steel

Tortilla Hook, 2023
MG2023-3226
45 x 40 x 100 mm
Powder coated steel

Tortilla Hook, 2023
MG2023-3227
20 x 30 x 110 mm
Powder coated steel

Tortilla Hook, 2023
MG2023-3228
20 x 30 x 110 mm
Powder coated steel

Plastic Bling Hook, 2023
MG2023-2820
100 x 80 x 160 mm
Recycled plastic,
Swarovski crystal

Plastic Bling Hook, 2023
MG2023-2821
150 x 100 x 210 mm
Recycled plastic,
Swarovski crystal

Plastic Bling Hook, 2023
MG2023-2822
125 x 95 x 135 mm
Recycled plastic,
Swarovski crystal

Plastic Bling Hook, 2023
MG2023-2823
135 x 125 x 350 mm
Recycled plastic,
Swarovski crystal

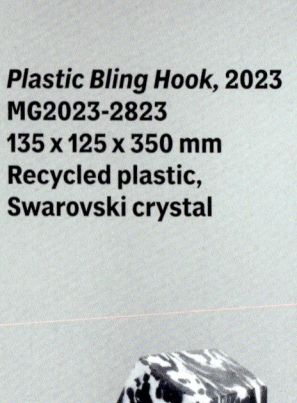

Hook from Red Ball, 2023
MG2023-2837
40 x 80 x 80 mm
Beech, plastic ball

Hook from Marble, 2023
MG2023-2955
115 x 35 x 150 mm
Marble

Hook from Marble, 2023
MG2023-2956
145 x 30 x 230 mm
Marble

Hook from Marble, 2023
MG2023-2957
135 x 30 x 230 mm
Marble

Hook from Marble, 2023
MG2023-2959
110 x 30 x 150 mm
Marble

Hook from Marble, 2023
MG2023-2958
130 x 30 x 220 mm
Marble

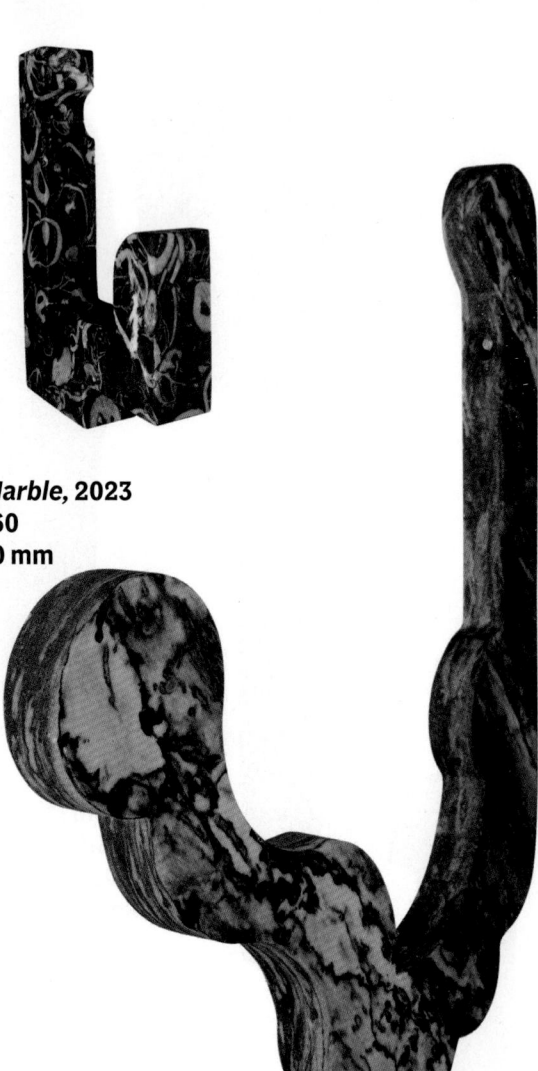

Hook from Marble, 2023
MG2023-2960
115 x 30 x 170 mm
Marble

Hook from Marble, 2023
MG2023-2961
210 x 15 x 270 mm
Marble

Hook from Marble, 2023
MG2023-2962
185 x 25 x 230 mm
Marble

Hook from Marble, 2023
MG2023-2963
185 x 20 x 300 mm
Marble

Hook from Marble, 2023
MG2023-2964
150 x 30 x 220 mm
Marble

Hook from Marble, 2023
MG2023-2965
110 x 30 x 170 mm
Marble

Hook from Marble, 2023
MG2023-2966
130 x 30 x 220 mm
Marble

Hook from Marble, 2023
MG2023-2967
110 x 30 x 210 mm
Marble

Hook from Marble, 2023
MG2023-2968
105 x 30 x 190 mm
Marble

Hook from Marble, 2023
MG2023-2969
110 x 30 x 250 mm
Marble

Hook from Marble, 2023
MG2023-2970
180 x 30 x 230 mm
Marble

Hook from Marble, 2023
MG2023-2971
185 x 30 x 270 mm
Marble

Hook from Marble, 2023
MG2023-2972
120 x 30 x 145 mm
Marble

Hook from Marble, 2023
MG2023-2973
110 x 30 x 210 mm
Marble

Hook from Marble, 2023
MG2023-2974
110 x 30 x 170 mm
Marble

Hook from Marble, 2023
MG2023-2975
190 x 25 x 330 mm
Marble

Hook from Marble, 2023
MG2023-2976
170 x 20 x 320 mm
Marble

***Hook from Marble*, 2023**
MG2023-2977
210 x 20 x 270 mm
Marble

Hook from Marble, 2023
MG2023-2978
160 x 25 x 210 mm
Marble

Hook from Marble, 2023
MG2023-2979
120 x 20 x 185 mm
Marble

Hook from Marble, 2023
MG2023-2980
155 x 20 x 270 mm
Marble

Hook from Marble, 2023
MG2023-2981
160 x 20 x 240 mm
Marble

Hook from Marble, 2023
MG2023-2982
115 x 20 x 145 mm
Marble

***Hook from Marble*, 2023**
MG2023-3110
160 x 20 x 200 mm
Marble

***Hook from Marble*, 2023**
MG2023-3109
155 x 20 x 190 mm
Marble

Hook from Marble, 2023
MG2023-3111
190 x 20 x 330 mm
Marble

Hook from Marble, 2023
MG2023-3112
225 x 20 x 300 mm
Marble

***Hook from Marble,* 2023**
MG2023-3113
200 x 20 x 220 mm
Marble

Stone'n Bar Hook, 2023
MG2023-3214
140 x 50 x 310 mm
Steel rebar, greywacke stone

Stone'n Bar Hook, 2023
MG2023-3215
165 x 60 x 295 mm
Steel rebar, greywacke stone

Stone'n Bar Hook, 2023
MG2023-3216
210 x 45 x 325 mm
Steel rebar, greywacke stone

Stone'n Bar Hook, 2023
MG2023-3217
135 x 65 x 215 mm
Steel rebar, greywacke stone

Stone'n Bar Hook, 2023
MG2023-3218
170 x 70 x 260 mm
Steel rebar, greywacke stone

Stone'n Bar Hook, 2023
MG2023-3219
195 x 65 x 435 mm
Steel rebar, greywacke stone

Stone'n Bar Hook, 2023
MG2023-3220
190 x 55 x 420 mm
Steel rebar, greywacke stone

Cut'n Stone Hook, 2023
MG2023-3221
125 x 120 x 70 mm
Greywacke stone

Cut'n Stone Hook, 2023
MG2023-3222
95 x 70 x 145 mm
Greywacke stone

Cut'n Stone Hook, 2023
MG2023-3223
130 x 45 x 85 mm
Greywacke stone

Cut'n Stone Hook, 2023
MG2023-3224
120 x 70 x 40 mm
Greywacke stone

Hook from Print, 2023
MG2023-3289
235 x 50 x 320 mm
ABS Plastic

Hookaloti, 2018
MG2018-1558
95 x 50 x 120 mm
Wood fired stoneware

Hookaloti, 2017
MG2017-1671
90 x 35 x 165 mm
Wood

Hookaloti, 2019
MG2019-1842
93 x 33 x 180 mm
Anodised cast aluminium

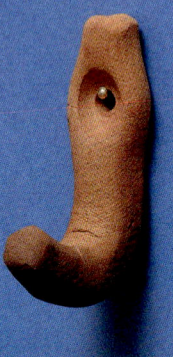

Hookaloti, 2018
MG2018-1542
60 x 25 x 90 mm
Wood fired stoneware

Hookaloti, 2019
MG2019-1778
62 x 60 x 36 mm
Railway track

Hookaloti, 2019
MG2019-2206
110 x 27 x 175 mm
Wood fired stoneware

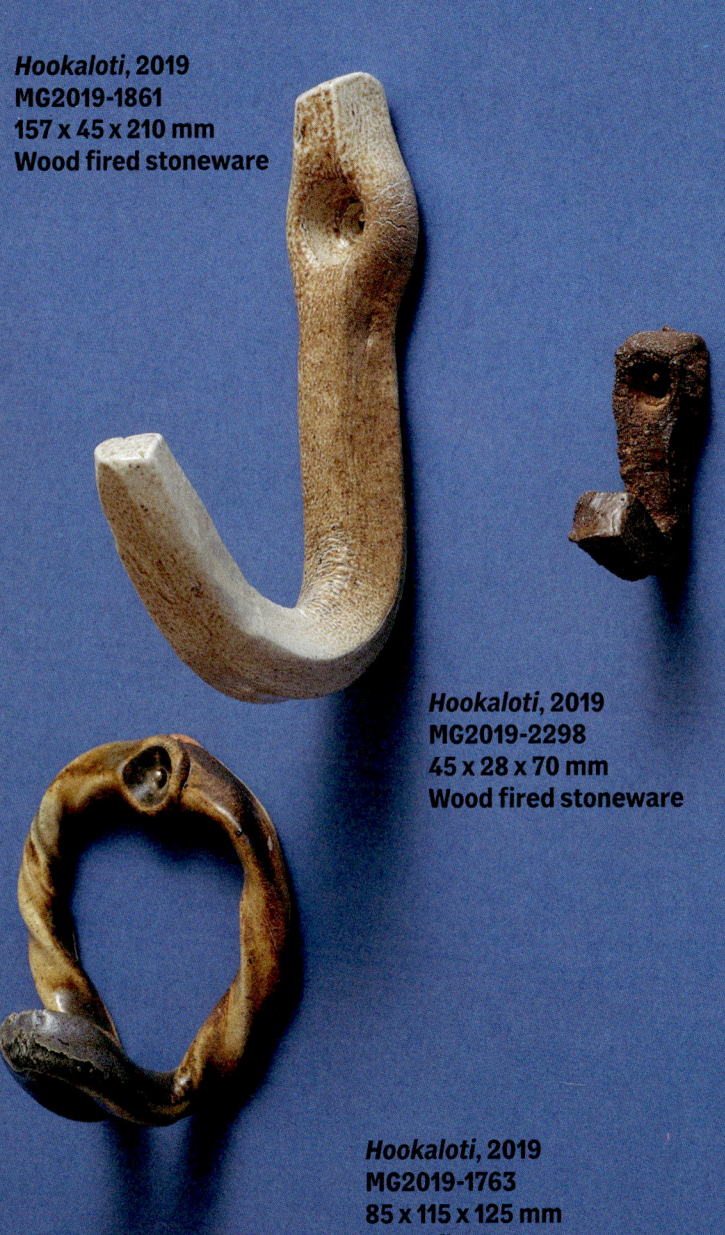

Hookaloti, 2019
MG2019-1861
157 x 45 x 210 mm
Wood fired stoneware

Hookaloti, 2019
MG2019-2298
45 x 28 x 70 mm
Wood fired stoneware

Hookaloti, 2019
MG2019-1763
85 x 115 x 125 mm
Wood fired stoneware

Hookaloti, 2019
MG2019-1822
70 x 55 x 132 mm
Recycled plastic

Hookaloti, 2019
MG2019-1909
56 x 45 x 74 mm
Wood fired stoneware

Hookaloti, 2019
MG2019-1770
60 x 23 x 160 mm
Cast aluminium

Hookaloti, 2019
MG2019-1910
95 x 47 x 235 mm
Wood fired stoneware

Hookaloti, 2019
MG2019-1793
56 x 27 x 110 mm
Cast aluminium

Hookaloti, 2019
MG2019-1889
120 x 35 x 155 mm
Wood fired stoneware

Hookaloti, 2019
MG2019-1894
120 x 35 x 170 mm
Wood fired stoneware

Hookaloti, 2019
MG2019-1802
63 x 23 x 160 mm
Recycled plastic

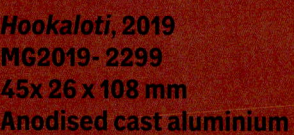

Hookaloti, 2019
MG2019- 2299
45x 26 x 108 mm
Anodised cast aluminium

Hookaloti, 2019
MG2019-1854
90 x 24 x 179 mm
Aluminium

Hookaloti, 2019
MG2019-1749
82 x 42 x 150 mm
Blown soda glass

Hookaloti, 2019
MG2019-1913
85 x 36 x 230 mm
Wood fired stoneware

Hookaloti, 2019
MG2019-1768
70 x 30 x 155 mm
Cast aluminium

Hookaloti, 2019
MG2019-1823
45 x 40 x 115 mm
Recycled plastic

Hookaloti, 2019
MG2019-1892
95 x 50 x 200 mm
Wood fired stoneware

Hookaloti, 2019
MG2019-1917
110 x 40 x 175 mm
Wood fired stoneware

Hookaloti, 2019
MG2019-1773
35 x 40 x 260 mm
Brass

Hookaloti, 2019
MG2018-1539
60 x 40 x 130 mm
Wood fired stoneware

Hookaloti, 2018
MG2018-1551
100 x 95 x 135 mm
Wood fired stoneware

Hookaloti, 2018
MG2018-1549
90 x 60 x 120 mm
Wood fired stoneware

Hookaloti, 2019
MG2019-1864
104 x 48 x 220 mm
Wood fired stoneware

Hookaloti, 2019
MG2019-1819
72 x 50 x 160 mm
Recycled plastic

Hookaloti, 2019
MG2019-1785
50 x 90 x 180 mm
Greywacke stone

Hookaloti, 2019
MG2019-1849
47 x 32 x 65 mm
Cast bronze

Hookaloti, 2019
MG2019-1908
90 x 30 x 165 mm
Wood fired stoneware

Hookaloti, 2019
MG2019-1735
93 x 35 x 200 mm
Blown soda glass

Hookaloti, 2017
MG2017-1676
112 x 40 x 215 mm
Wood fired stoneware

***Hookaloti*, 2019**
MG2019-1792
60 x 29 x 120 mm
Cast aluminium

***Hookaloti*, 2018**
MG2018-1560
100 x 32 x 160 mm
Wood fired stoneware

***Hookaloti*, 2019**
MG2019-1744
93 x 35 x 200 mm
Blown soda glass

Hookaloti, 2019
MG2019-1765
55 x 29 x 80 mm
Shibuichi silver

Hookaloti, 2019
MG2019-1915
120 x 48 x 125 mm
Wood fired stoneware

Hookaloti, 2019
MG2019-1833
60 x 35 x 150 mm
Anodised cast aluminium

Hookaloti, 2017
MG2017-1677
100 x 27 x 145 mm
Wood fired stoneware

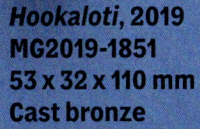

Hookaloti, 2019
MG2019-1851
53 x 32 x 110 mm
Cast bronze

Hookaloti, 2019
MG2019-1896
80 x 80 x 115 mm
Wood fired stoneware

Hookaloti, 2019
MG2019-1796
52 x 36 x 75 mm
Recycled plastic

Hookaloti, 2019
MG2019-1901
102 x 40 x 180 mm
Wood fired stoneware

Hookaloti, 2019
MG2019-1840
45 x 38 x 145 mm
Anodised cast aluminium

Hookaloti, 2019
MG2019-1911
115 x 55 x 115 mm
Wood fired stoneware

Hookaloti, 2018
MG2018-1555
100 x 32 x 165 mm
Wood fired stoneware

Hookaloti, 2019
MG2019-1736
157 x 30 x 180 mm
Wood fired stoneware

Hookaloti, 2019
MG2019-1882
80 x 65 x 100 mm
Wood fired stoneware

Hookaloti, 2019
MG2019-1788
59 x 35 x 160 mm
Cast aluminium

Hookaloti, 2019
MG2017-1694
68 x 20 x 90 mm
Wood fired stoneware

Hookaloti, 2019
MG2019-1836
108 x 26 x 45 mm
Anodised cast aluminium

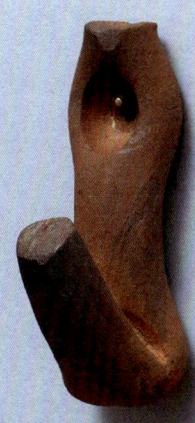

Hookaloti, 2018
MG2018-1546
65 x 40 x 130 mm
Wood fired stoneware

Hookaloti, 2019
MG2019-1898
105 x 35 x 190 mm
Wood fired stoneware

Hookaloti, 2018
MG2018-1547
100 x 70 x 145 mm
Wood fired stoneware

Hookaloti, 2019
MG2019-1794
45 x 45 x 135 mm
Cast aluminium

Hookaloti, 2019
MG2019-1750
135 x 40 x 260 mm
Blown soda glass

Hookaloti, 2019
MG2019-1897
80 x 36 x 140 mm
Wood fired stoneware

Hookaloti, 2017
MG2017-1672
90 x 25 x 180 mm
Wood fired stoneware

Hookaloti, 2019
MG2019-1766
50 x 30 x 95 mm
Cast aluminium

Hookaloti, 2019
MG2019-1762
135 x 40 x 300 mm
Wood fired stoneware

Hookaloti, 2019
MG2019-1798
70 x 40 x 135 mm
Recycled plastic

Hookaloti, 2019
MG2019-1839
35 x 60 x 165 mm
Anodised cast aluminium

Hookaloti, 2019
MG2019-2207
75 x 48 x 80 mm
Found steel

Hookaloti, 2019
MG2019-1790
60 x 25 x 147 mm
Cast aluminium

Hookaloti, 2019
MG2017-1670
120 x 50 x 155 mm
Wood fired stoneware

Hookaloti, 2018
MG2018-1550
70 x 40 x 140 mm
Wood fired stoneware

Hookaloti, 2018
MG2018-1541
65 x 30 x 125 mm
Wood fired stoneware

Hookaloti, 2019
MG2019-1780
126 x 105 x 200 mm
Steel

Hookaloti, 2019
MG2019-1784
35 x 38 x 100 mm
Greywacke stone

Hookaloti, 2019
MG2019-1904
90 x 33 x 135 mm
Wood fired stoneware

Hookaloti, 2017
MG2017-1678
100 x 40 x 140 mm
Wood fired stoneware

Hookaloti, 2019
MG2019-1884
83 x 35 x 100 mm
Wood fired stoneware

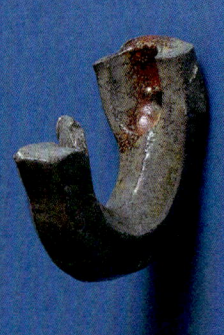

Hookaloti, 2017
MG2017-1696
85 x 42 x 88 mm
Wood fired stoneware

Hookaloti, 2019
MG2019-1881
100 x 45 x 210 mm
Wood fired stoneware

Hookaloti, 2017
MG2017-1688
85 x 20 x 80 mm
Wood fired stoneware

Hookaloti, 2019
MG2019-1878
80 x 30 x 90 mm
Wood fired stoneware

Hookaloti, 2019
MG2019-1771
35 x 40 x 260 mm
Brass

Hookaloti, 2017
MG2017-1680
87 x 30 x 130 mm
Wood fired stoneware

Hookaloti, 2019
MG2019-1893
95 x 40 x 50 mm
Wood fired stoneware

Hookaloti, 2018
MG2018-1533
115 x 27 x 165 mm
Wood fired stoneware

Hookaloti, 2019
MG2019-1891
96 x 35 x 150 mm
Wood fired stoneware

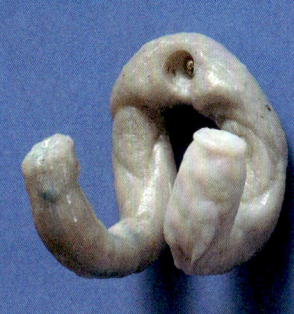

Hookaloti, 2019
MG2019-1795
75 x 70 x 84 mm
Recycled plastic

Hookaloti, 2019
MG2019-2206
110 x 27 x 175 mm
Wood fired stoneware

Hookaloti, 2019
MG2019-1905
64 x 69 x 83 mm
Wood fired stoneware

Hookaloti, 2018
MG2018-1554
60 x 30 x 105 mm
Wood fired stoneware

Hookaloti, 2019
MG2019-2210
45 x 16 x 310 mm
Wood fired stoneware

***Hookaloti**, 2018*
MG2018-1559
70 x 120 x 130 mm
Wood fired stoneware

***Hookaloti**, 2018*
MG2018-1532
120 x 28 x 115 mm
Wood fired stoneware

***Hookaloti**, 2017*
MG2017-1692
48 x 22 x 125 mm
Wood fired stoneware

Hookaloti, 2018
MG2018-1544
50 x 35 x 105 mm
Wood fired stoneware

Hookaloti, 2019
MG2019-1737
100 x 40 x 210 mm
Wood fired stoneware

Hookaloti, 2019
MG2019-1869
140 x 35 x 250 mm
Wood fired stoneware

Hookaloti, 2019
MG2019-1880
85 x 35 x 120 mm
Wood fired stoneware

Hookaloti, 2019
MG2019-2209
100 x 45 x 195 mm
Wood fired stoneware

Hookaloti, 2019
MG2019-1890
140 x 40 x 147 mm
Wood fired stoneware

Hookaloti, 2017
MG2017-1682
85 x 22 x 110 mm
Wood fired stoneware

Hookaloti, 2018
MG2018-1553
80 x 30 x 110 mm
Wood fired stoneware

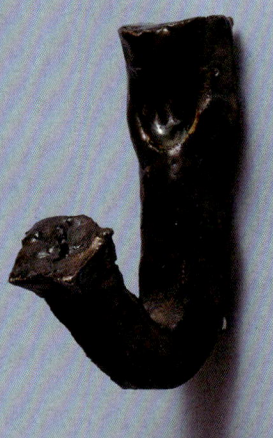

Hookaloti, 2019
MG2019-1758
82 x 37 x 114 mm
Wood fired stoneware

Hookaloti, 2019
MG2019-2208
60 x 20 x 80 mm
Wood fired stoneware

Hookaloti, 2019
MG2019-1775
60 x 65 x 43 mm
Railway track

Hookaloti, 2018
MG2018-1543
65 x 43 x 60 mm
Wood fired stoneware

Hookaloti, 2019
MG2019-1765
55 x 29 x 80 mm
Cast aluminium

Hookaloti, 2019
MG2019-1862
115 x 36 x 215 mm
Wood fired stoneware

Hookaloti, 2019
MG2019-1782
63 x 23 x 60 mm
Railway track

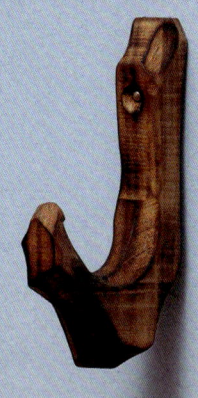

***A Hook for Everything No. 1**, 2019*
MG2019-3572
65 x 20 x 100 mm
Kauri

***Hooked Misto**, 2019*
MG2019-3570
65 x 22 x 105 mm
Rimu

***Hooked Misto**, 2019*
MG2019-3571
55 x 24 x 110 mm
Rimu

***Hooked Misto*, 2019**
MG2019-3573
55 x 20 x 100 mm
Rimu

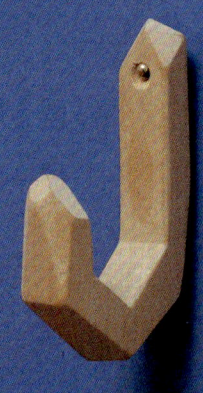

***A Hook for Everything No. 2*, 20**
MG2019-3567
65 x 20 x 100 mm
Kauri

***A Hook for Everything No. 3*, 2019**
MG2019-3566
65 x 20 x 110 mm
Kauri

Hooked Misto, 2019
MG2019-3568
50 x 20 x 85 mm
Kauri

Hooked Misto, 2019
MG2019-3569
50 x 20 x 100 mm
Kauri

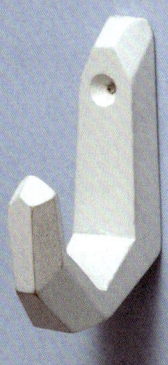

A Hook for Everything No. 4, 2019
MG2019-3574
65 x 30 x 85 mm
Kauri, paint

Hookaloti Editions Set No. 11, 20
MG2019-2292
Various dimensions
Laser cut aluminium

Hookaloti Editions Set No. 5, 2019
MG2019-2286
Various dimensions
Laser cut aluminium

Hookaloti Editions Set No. 3, 2019
MG2019-2284
Various dimensions
Laser cut aluminium

Hookaloti Editions Set No. 8, 2019
MG2019-2289
Various dimensions
Laser cut aluminium

Hookaloti Editions Set No. 2, 20
MG2019-2283
Various dimensions
Laser cut aluminium

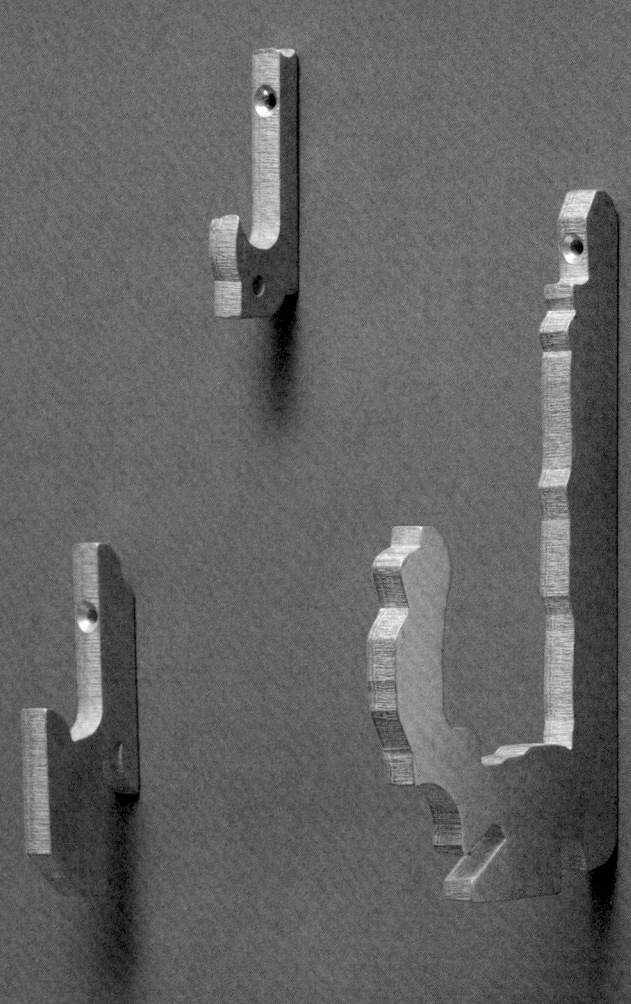

Hookaloti Editions Set No. 6, 2019
MG2019-2287
Various dimensions
Laser cut aluminium

Hookaloti Editions Set No. 7, 201[9]
MG2019-2288
Various dimensions
Laser cut aluminium

Hookaloti Editions Set No. 4, 2019
MG2019-2285
Various dimensions
Laser cut aluminium

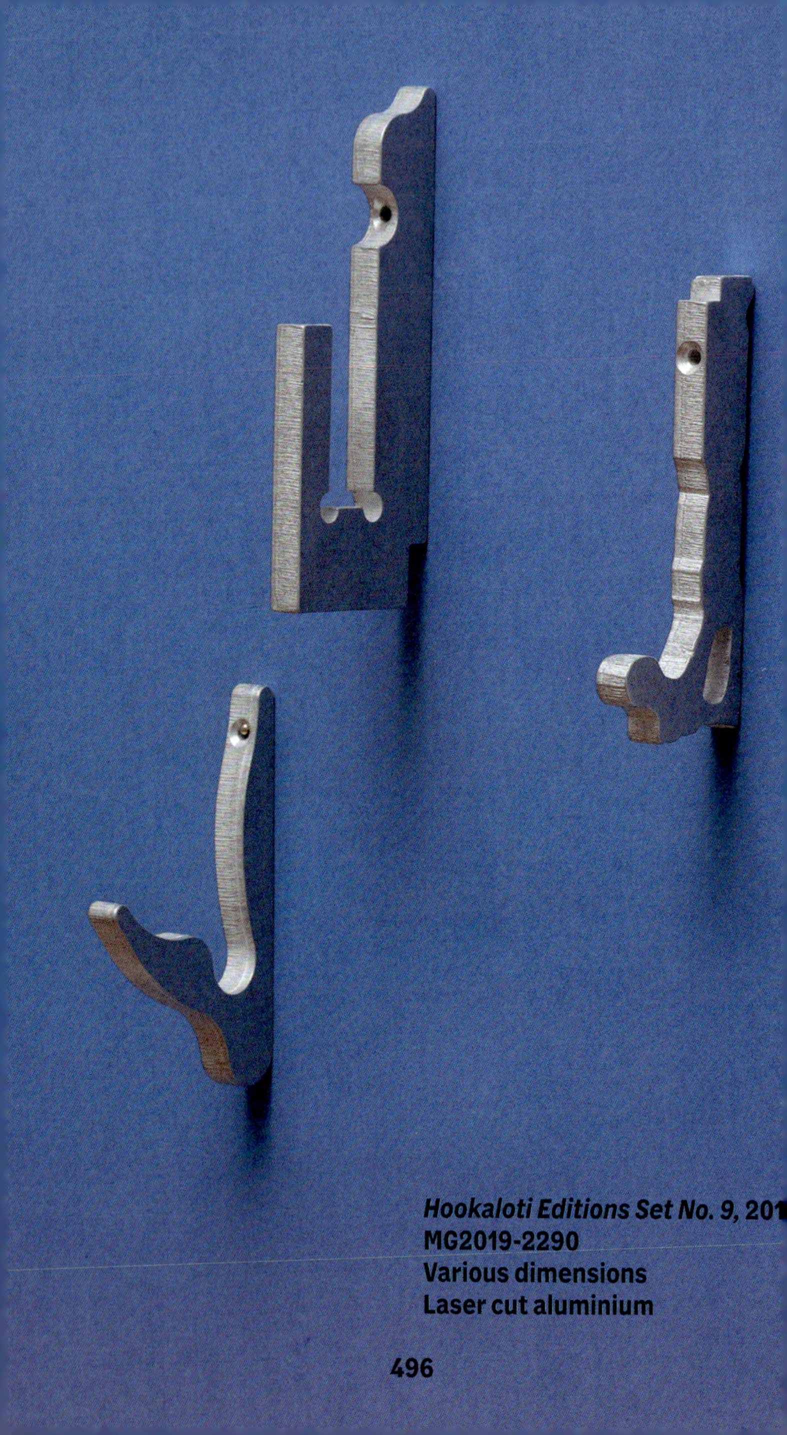

Hookaloti Editions Set No. 9, 201
MG2019-2290
Various dimensions
Laser cut aluminium

Hookaloti Editions Set No. 10, 2019
MG2019-2291
Various dimensions
Laser cut aluminium

Hookaloti Editions Set No. 1, 201
MG2019-1920
Various dimensions
Laser cut aluminium

Hookaloti Editions Set No. 12, 2019
MG2019-2293
Various dimensions
Laser cut aluminium

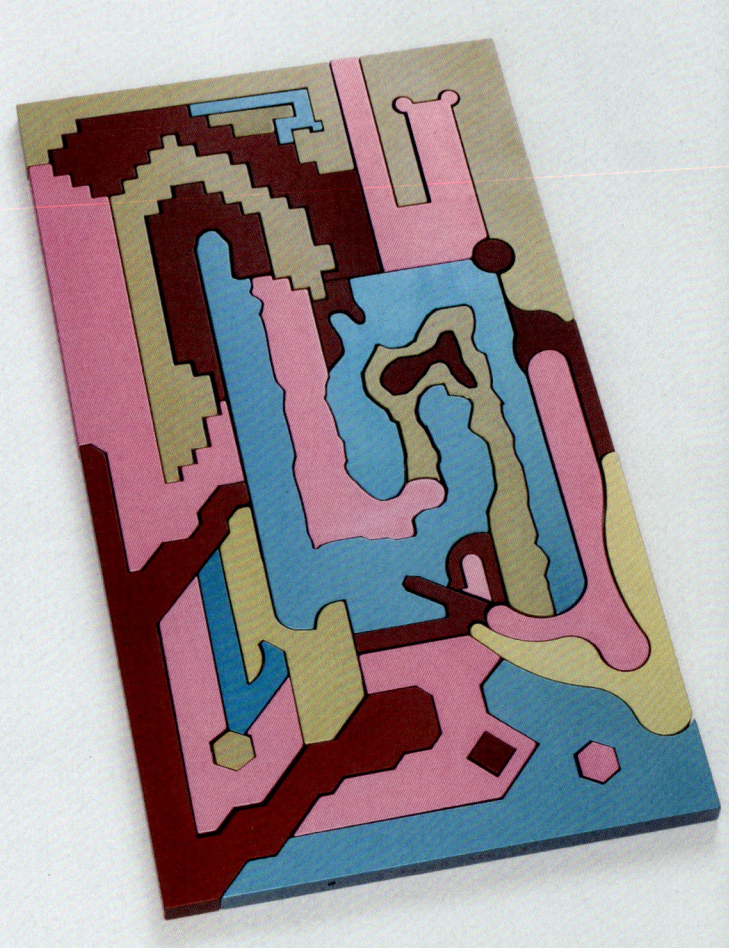

***Limited Edition Hook Box Set**, 2023*
MG2023-3431
10 x 244 x 425 mm
**Anodised aluminium,
35 pieces, edition of 25**

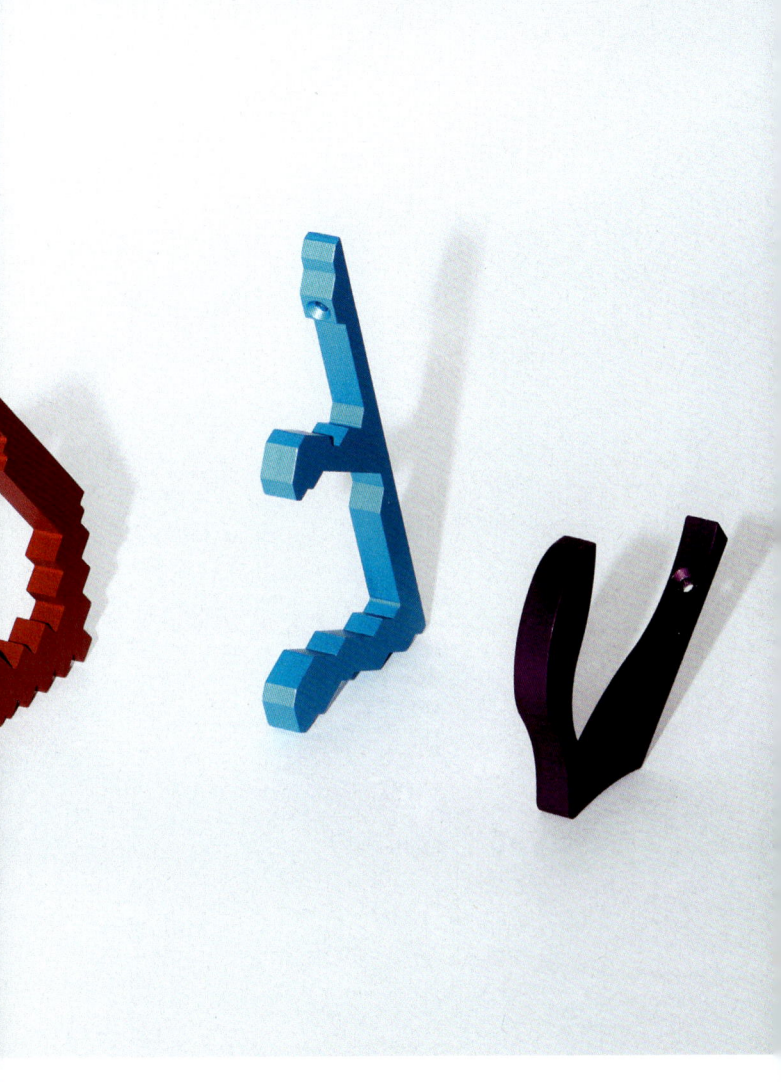

Limited Edition Hem Hooks, 2021
MG2021-2124
Various dimensions
Anodised aluminium

Hookaloti No. 97, 2019
MG2019-1865
125 x 50 x 295 mm
Wood fired stoneware

Hookaloti No. 71, 2019
MG2019-1872
155 x 30 x 225 mm
Wood fired stoneware

Hookaloti No. 87, 2019
MG2019-1844
225 x 45 x 240 mm
Anodised aluminium pipe

Hookaloti No. 141, 2019
**MG2019-1843
220 x 70 x 245 mm
Anodised aluminium pipe**

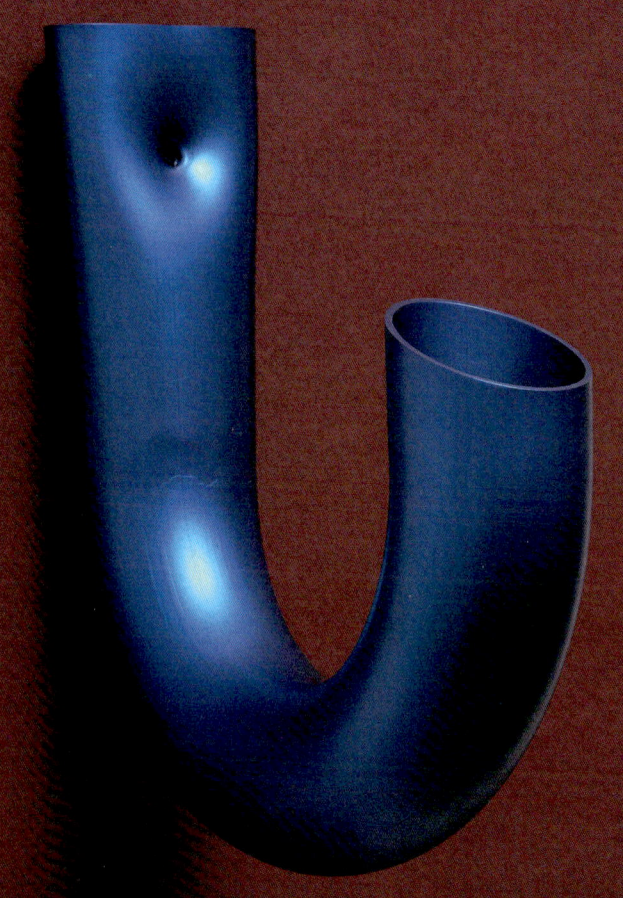

Hookalotl No. 80, 2019
MG2019-1867
195 x 40 x 250 mm
Wood fired stoneware

Hookaloti No. 105, 2019
MG2019-1912
160 x 50 x 185 mm
Wood fired stoneware

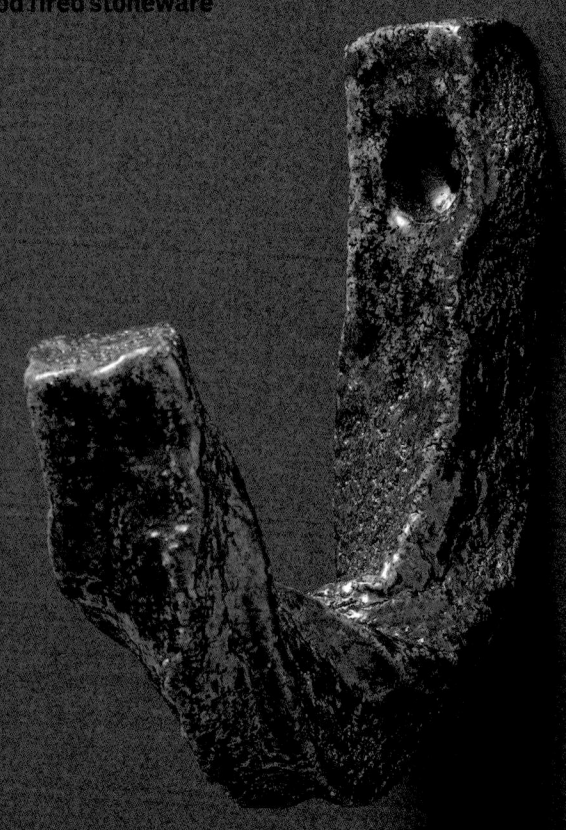

Hookaloti No. 25, 2019
MG2019-1888
165 x 35 x 265 mm
Wood fired stoneware

Hookaloti No. 65, 2019
MG2019-1883
140 x 40 x 270 mm
Wood fired stoneware

Hookaloti No. 35, 2019
MG2019-1873
190 x 30 x 245 mm
Wood fired stoneware

Hookaloti No. 108, 2019
MG2019-1870
155 x 45 x 230 mm
Wood fired stoneware

Hookaloti No. 144, 2019
MG2019-1899
155 x 38 x 205 mm
Wood fired stoneware

Hookaloti No. 113, 2019
MG2019-1866
175 x 50 x 310 mm
Wood fired stoneware

Hoekafuti No. 130, 2017
MC2017-1573
160 x 48 x 250 mm
Wood fired stoneware

Hookaloti No...
MG2019-18...
175 x 35 x 2...
Wood fired...

Hookaloti No. 61, 2019
MG2019-1887
150 x 40 x 240 mm
Wood fired stoneware

Hookaloti No. 5, 2019
MG2019-1751
130 x 115 x 530 mm
Carved kānuka

Hookaloti No. 37, 2019
MG2019-1876
160 x 110 x 220 mm
Wood fired stoneware

Hookaloti No. 17, 2019
MG2019-1874
50 x 25 x 520 mm
Wood fired stoneware

Hookaloti No. 151, 2019
MG2019-1738
200 x 80 x 280 mm
Swamp kauri

Hookaloti No. 118, 2019
MG2019-1739
200 x 80 x 280 mm
Swamp kauri

Hookaloti No. 150, 2019
MG2019-1755
27 x 270 x 270 mm
Wood fired stoneware

Hookaloti, 2019

Exhibition at Michael Lett, Auckland, NZ

Hookaloti presents a playful environment filled with hundreds of wall mounted hooks. The hooks are all functional yet decorative, designed to be used individually or in clusters, and incredibly idiosyncratic. Made in ceramic, hand-formed glass, recycled plastic, wood, found objects, forged steel and sandcast aluminium, Gamper has piggybacked on various New Zealand workshops of friends and craft studios. This is a project about exploration, invention and collaboration. All the work is informed by the place in which it is made, the possibilities and limitations of each studio. The artisanal interests of each host has had a huge bearing on what work has been made. The aluminium hooks from Karl Fritsch's Wellington studio were carved rapidly from polystyrene and sandcast within minutes. Recycled Christchurch plastics in Rob Upritchard's studio were shredded, heated and sausage-like extrusions were hand-formed into plausible hooks. The glass hooks were fabricated in Monmouth Glass Studio, Ponsonby, in a single morning. Rather than blowing glass, the artist and Stephen Bradbourne decided to work with the natural inclinations of the material by elongating a glass drop. The ceramic hooks in this show were made in multiple potteries over the last 5 years — Shoal Bay (Aotea), Rahu Road Pottery (Paeroa), Mount Pottery (Mount Maunganui), Nicholas Brandon's Pottery (Kaimata) and Barry Brickell's Driving Creek Pottery (Kapanga).

I Am Many Moods, 2023

Exhibition at Anton Kern Gallery
New York, USA

Recently Martino Gamper has been in a very good mood, making over 700 hooks which form a loose family of functional objects. This exhibition at Anton Kern is design in an art gallery. Form follows function is a principle of design which suggests that the shape of an object should primarily relate to its intended purpose. This is not as limiting as it sounds. Gamper has screwed, drilled, cast, carved, sawed, sanded, printed, extruded, chainsawed, blown, welded, flame/laser/water cut, forged, torched, and torn many materials including wood, glass, steel, plastic, crystals, ceramics, bronze, aluminium, brass, stainless steel, cork, marble, plywood, stones, and branches. Once formed, these objects were polished, painted, anodised, plated, powder coated, enamelled, sanded, sprayed, sandblasted, heated, and vibrated. This might sound like a fight between materials, technique, and form; but in fact the mood is positive, the feeling exuberant. The sheer number and variety of hooks creates a poetic frenzy of excited chaos. Between a whittled stick and large cast bronze, the materials and techniques run the gamut between low and high. Here, there is an object for everyone.

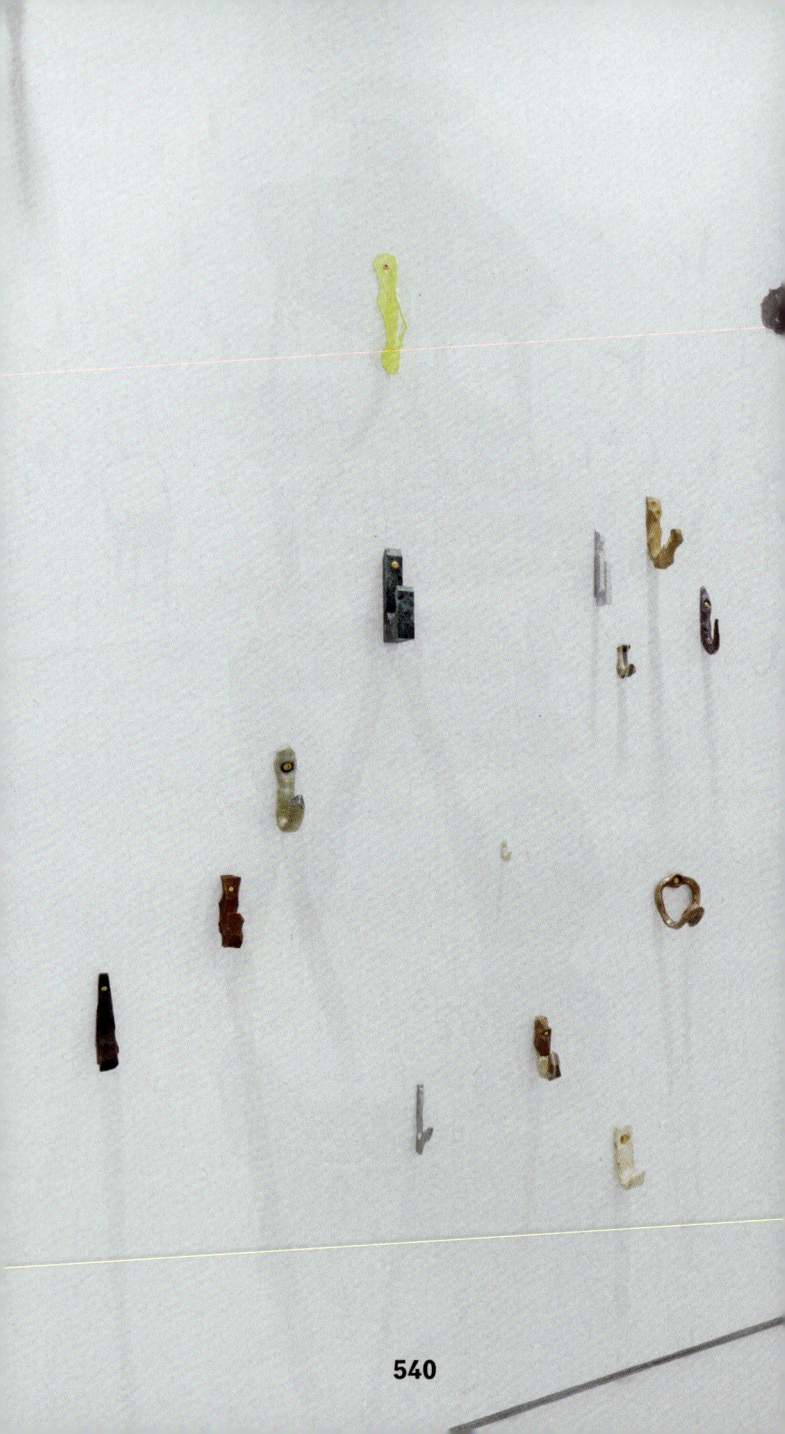

A THANK YOU!

As you probably have seen on the many previous pages, I've made many hooks over the last years, many of them in friends' workshops and studios, as well as my own studio in Hackney.

Thank you to my wife, Francis Upritchard and the studio team: Akiko Kobayashi, Anna Bosley, Francesco Feltrin, Jesse Beagley, Jochem Faudet, Joshua Young, Maddie Banwell, Matan Fadida, Rio Kobayashi, Rosie Putler, Tiago Almeida, Will Shannon.

Thanks for the incredible skill and generous help from these artisans, artists, companies and studios: ALPI S.p.A., Alex North, Barry Brickell's Driving Creek Pottery, Charade Honey, Cirrus Laser, Custom Waterjet Cutting Ltd., David Dale, Die Casting Solutions NZ, Duncan Shearer, ERA Rodman Bros Limited, Fonderia Artistica Guastini S.r.l., Giovanna Golnelli, Grant Bailey, Hem, Hytech Enamelling Limited, Isaak Katzoff, Izzy Leung, Jaime Jenkins, Janeen Page, Karl Fritsch, Laurie Steer, Lisa Walker, Massimo Lunardon, Matt Grubb, Mirko Paolini, Monmouth Glass Studio, Mount Pottery, Nicholas Brandon, Rahu Road Pottery, Rob Upritchard, Sacha Delabre, Sam Hartnet, Sarah Harrison, Shoal Bay Pottery, Tischlerei Mairhofer, Vittorio Alpi, Whitton Castings.

Deborah Levy, thank you for the splendid text and 'I Am Many Moods' show title.

Thank you to the incredible hard-working gallerists, publishers, partners and assistants: Allison Gaines, Andrew Hamilton, Andrew Thomas, Angelo Coletto, Anna Ronberg, Anton Kern, Anton Kern Gallery (New York), Blunk Space (Point Reyes), Brigitte Mulholland, Caterina Contreras, Christoph Gerozissis, Dent-De-Leone, Eva Pou, Franco Noero, Galleria Franco Noero (Torino), Galleria Nilufar (Milano), Gemma Holt, Hamish Mckay, Hamish Mckay Gallery (Te Whanganui a-Tara / Wellington), Ivan Anthony, Kajsa Ståhl, Kate MacGarry Gallery (London), Kate McGarry, Kevin Lowenthal, Kristen Smoragiewicz, Luisa Salvi Del Pero, Luke Gottelier, Maki Suzuki, Mary Schaffer, Michael Lett, Michael Lett Gallery (Tāmaki Makaurau/ Auckland), Modern Institute (Glasgow), Nina Yashar, Paige Auerbach, Patricia Pericas, Pierpaolo Falone, Ryan Miller, Sarah Simpkin, Sau Valaitis, Stefano De Gregori, Toby Webster, Victoria Wynne-Jones.

I want to express my gratitude to my friends who have been instrumental in helping me with this lengthy project. Thank you for your inspiration and friendship: Adam Hills, Adam Kershaw, Alice Rawsthorne, Andrea Lissoni, Andreas Schmid, Angus Mill, Anna Gamper Oberhammer, Anne Hardy, Attua Aparicio, Bethan Laura Wood, Blake Cescon, Brad Watson, Brenda Nightingdale, Brent Dzekciorius, Carolin Lerch, Charles de Lisle, Darryl Ward, Elli Resvanis, Emily King, Felix Burrichter, Giovanni Russo, Harry Thaler, HUO, Ivo Lamb, Janice Blackburn, Jason Whiteley, Jeremy Thompson, Jochem Faudet, Jochen Holz, Johanna Grüner, Julia Gardner, Karl Emilio Pircher, Katie Lockhart, Laura Houseley, Leopold Thun, Lisa Mazza, Lotte Schäff, Mariah Nielson, Marco Rovacchi, Max Frommeld, Max Lamb, Matthew Slotover, Momoko Kobayashi, Nicoletta Fiorucci, Patrick Mairhofer, Ricky Clifton, Robert Sandercombe, Roland Brauchli, Sashil Dayal, Sandy and Martin Calister, Sarah Douglas, Simone Mair, Simon Prosser, Verena Kollmann, Walter Thaler.

GRAZIE
Luna, we won't leave you hanging.